KB218102

미래 문명을 이끌어갈 새로운 인간

정토총서 ①
미래 문명을 이끌어갈 새로운 인간

1판 1쇄 발행 1998년 10월 15일

지은이 법륜
펴낸이 김정숙

펴낸곳 정토출판 www.jungto.org
등록 1996년 5월 17일 (제22호-1008호)
주소 서울시 서초구 효령로 51길 42
전화 02-587-8991 팩스 02-6442-8993
전송 jungtobook@gmail.com

ISBN 89-85961-17-9 (03220)
ⓒ 1998 정토출판

미래 문명을 이끌어갈
새로운 인간

글 법륜

정토출판

정토총서를 발간하며

지금 우리 인류는 인간성 상실, 공동체 붕괴, 자연환경 파괴라는 중대한 위기에 처해있다. 이 위기를 극복하기 위해서, 우리는 불교의 근본 가르침 속에서 그 해답을 찾고자 한다.

첫째, 연기법을 우리의 세계관으로 삼는다

'이것이 있으므로 저것이 있고, 이것이 없으면 저것도 없다'는 존재의 상호연관성이 '존재하는 모든 것들의 있는 그대로의 모습'이다.

'네가 죽으면 나도 죽고 네가 살면 나도 산다. 네가 불행하면 나도 불행하고, 네가 행복하면 나도 행복하다'는 연기적 세계관에 입각하여 함께 살고 함께 행복해지는 이 길을 추구한다.

여러 가지 꽃이 모여 하나의 화단을 이루듯이 각자의 다양한 개성이 모여 조화와 균형을 이루게 하여 시기와 질투를 뛰어넘어 사랑을, 대립과 경쟁을 뛰어넘어 화합을, 투쟁과 전쟁을 뛰어넘어 평화를 이루는 새로운 문명을 창조하고자 한다.

둘째, 부처님과 보살을 우리 삶의 모범으로 삼는다.

평생을 가사 한 벌과 바루 한 개로 걸식하며 살아가신 부처님의 삶을 본받아, 적게 먹고, 적게 입고, 적게 자며, 어디에도 구애받지 않고 살아가는 구도자의 자세를 갖는다.

나아가 중생의 아픔을 자신의 아픔으로 여기고 스스로 사바세계와 지옥 속으로 뛰어들어 중생을 구제하시는 대비 관세음보살님과 대원 지장보살님의 원력을 본받아 모든 중생을 구원하는 대승보살이 되고자 한다.

셋째, 무아(無我)·무소유(無所有)·무아집(無我執)을 수행의 지표로 삼는다

정토세계를 이룩하기 위하여 나를 버리고, 내 것을 버리고, 내 고집을 버리고 오직 중생의 요구에 수순하는 보살이 되고자 한다.

그리하여 한 생각 돌이켜 사로잡힘에서 벗어나 괴로움도 없고 얽매임도 없는 대자유인(成佛)이 되고자 한다.

나아가 인류에게 불어닥친 이 위기를 극복하고 행복한 인생(맑은 마음), 평화로운 사회(좋은 벗), 아름다운 자연(깨끗한 땅)을 일구어 살기 좋은 세상(淨土)을 만들고자 한다.

정토총서는 이러한 서원에 따라 수행·복지·평화·환경 등 우리 삶의 과제에 대한 대안을 제시하고자 한다.

1998. 10

이 책을 엮어내며

이 세상은 참으로 다양한 사람이 다양한 꿈을 꾸며 공동
체를 이루고 살아갑니다. 사는 모습은 달라도 그 속에서
느끼는 심리적인 어려움은 비슷합니다. 모든 것이 뜻대로
되기보다는 그렇지 않은 경우가 더 많기 때문입니다. 자
유롭고 행복하길 원하지만 사실은 어떻게 해야 자유롭고
행복해질 수 있는지 잘 모릅니다. 그 나름대로 최선을 다
하지만 애를 쓴 만큼 원하는 대로 되지 않았을 때의 좌절
과 고통은 더욱 커집니다.

삶을 자유롭고 행복하게 살고 싶은 사람, 세상을 아름답
게 만들고 싶은 사람, 누구나 행복한 세상을 이루고자 결
심한 이들 역시 좌절과 갈등 속에 빠지곤 합니다. 그런
세상이 이루어질 때까지는 참고 이 길을 가야 하는 지…
미래를 확신할 수 없는 상황에서 계속되는 어려운 살림살
이와 가족들의 몰이해, 선배나 동료, 후배들과의 갈등으
로 자유로운 삶, 아름다운 세상 만들기 위한 실천활동에
심각한 회의를 느끼기도 합니다. 또 그런 문제로 흔들리
는 자기 자신의 모습에 의기소침해지거나 열등감에 시달
릴 때도 많습니다.

그런 분들에게 법륜 스님의 말씀은 새로운 자각과 기쁨을

줍다. 자신을 자유롭고 행복하게 하는 '수행'과 세상을 아름답게 가꾸는 '일'이 어떻게 통일되어 있는지 그 길을 보여주고 있기 때문입니다.

이 책에 실린 총 5편의 글은 자신을 위해, 세상을 위해 발심한 정토회의 일꾼들에게 하신 법륜 스님의 강의를 풀어 정리한 것입니다.

'정토행자와 수행' '정토행자와 일'은 정토회 실무자들을 대상으로, '자기 실현의 길'은 정토회 봉사부 보살님들을 대상으로, '어떻게 살 것인가'는 청년과 대학생을 대상으로, '새로운 문명, 새로운 인간'은 한국불교사회연구소에서 발행한 <서원과 연대>에 발표하신 논문입니다.

이런 각각의 내용을 '일과 수행(정토행자와 수행, 정토행자와 일)'과 '새로운 문명 새로운 인간(자기 실현의 길, 어떻게 살 것인가, 새로운 문명, 새로운 인간)'으로 묶어 보았습니다.

세상과 자신의 삶을 근본부터 다시 돌아보게 하고 참된 자기 실현의 길에 대해, 모두가 행복한 세상, 새로운 문명을 이끌어갈 인간은 어떠해야 하는지 삶의 지침을 발견하게 할 것입니다.

1998. 10. 15
정토회 기획실

차례

새로운 문명, 새로운 인간

일과 수행, 그리고 행복한 삶

삶은 괴로움이다

우리는 살기 위해서 먹어야 하고, 입어야 하고, 잠을 자야 한다. 또한 이것을 위한 재화가 있어야 한다. 따라서 누구나 다 재화를 만들어야 한다. 또 우리는 함께 모여 살아야 한다. 어떠한 경우에도 혼자 사는 것보다는 모여 사는 것이 유리하다. 그리고 자기가 하는 일을 누군가 알아주면 좋다. 그래서 재물이 많고 주위에 따르는 사람이 많고 다른 사람이 많이 알아주면 잘 사는 것이라는 관념이 생겼다. 이것이 부귀요 명예다.

사람들은 이런 부귀와 명예를 구하고 원하는 것을 얻고자 '일'을 하며 살아야 한다. 그런데 그 일하는 것 때문에 괴로워한다. 농사꾼은 농사지으면서 괴로워하고 사업하는 사람은 사업하면서 괴로워하고 직장 다니는 사람은 직장 다니면서 괴로워한다. 또 모여 살아야 유리한데 모여 살기 때문에 갈등이 생긴다. 부부간에, 부모 자식 간에, 형제간에, 그리고 직장 동료 간에 일어나는 갈등으로 괴로워한다. 또 저마다 남이 알아주기를 바라니 온갖 경쟁에 시달린다. 일을 해야 살 수 있는데 일을 하니 괴롭고, 함께 살아야 유리한데 함께 사는 데서 갈등이 생겨 괴롭고, 남이 알아줘야 하는데 그게 안 되니까 열등의식과 피해의식이 생기고 괴롭다.

안으로 살펴야 괴로움에서 벗어날 수 있다

사람들은 이러한 괴로움에서 벗어나려고 한다. 괴로움을 주는 일로부터 벗어나고 가족관계에서 벗어나고 경쟁에서 벗어나려고 한다. 그러면서 새로이 다른 일을 찾고, 다른 사람과 관계를 맺고 다시 또 새로운 경쟁을 한다.

이렇듯 문제의 원인을 계속 밖에서 찾고 밖을 고치려 하지만 또다시 괴로움에 빠지게 되는 것이 인생살이다.

그런데 문제의 원인을 안으로 돌려보면 어떨까?

갈등과 괴로움이 생길 때 괴로움의 원인을 안에서 찾는 것을 수행이라 한다. 이렇게 자기 내면을 살펴 괴로움의 원인을 찾아보면 괴로움은 다름 아닌 자기 스스로 만든다는 것을 자각하게 되고 해결의 실마리가 보인다.

화두선이든 관법이든 염불이든 수행법의 핵심을 잘 살펴 보면 시야를 자기 내부로 돌림을 알 수 있다. 앉아서 안으로 보나, 소리 내면서 안으로 보나, 괭이를 들고 일하면서 안으로 보나, 운전하면서 안으로 보나, 안으로 살펴보는 원칙만 알면 된다.

일을 열심히 해야 수행이 잘된다

일을 더 열심히 하고, 더 잘 하려고 하면 인간관계가 많아진다. 인간관계가 많아지면 갈등의 요소도 많아진다. 일을 잘 하려고 노력하는 만큼 갈등도 커진다. 갈등이 커지고 일이 잘 안 되면 다른 사람 때문이라는 시비분별이 일어난다. 시비분별이 커지면 일에 대한 집중력이 떨어지고 효율도 떨어진다. 관계 맺고 협동하면 일이 더 잘 될 것이라고 생각했는데 갈등이 생기니 관계를 끊으면 일이 잘 될 것 같다는 생각까지 하게 된다. 이렇게 분별심과 갈등이 커질 때 자신의 내면을 관찰해 보면 그 갈등이 사라지고 일은 잘 된다. 그래서 일을 최대로 열심히 하는 것과 수행이 최대로 잘 되는 것 사이에는 아무런 모순이 없다. 부지런해야 수행정진이 된다. 최대한 열심히 일을 할 때 갈등과 모순 역시 최대가 되고 마침내 바늘 끝만 갖다대도 터질 듯 팽팽한 상황에서 한 생각 돌리면 정확하게 보인다. 갈등과 모순, 괴로움이 최대가 되고 그 원인이 절대적으로 바깥에 있다고 생각할 때 눈을 안으로 돌리기는 매우 어렵다. 그런데 바로 그 가장 어려운 때 눈을 한번 안으로 돌려보면 괴로움은 순식간에 사라지고 수행에 대한 확신이 든다.

이 수행법은 누구나 할 수 있다. 이것은 특별한 것이 아니다.

우리는 보통 일을 잘 하려고 하면 자기의 내면을 돌아보지 않고, 자기의 내면을 돌아볼 때는 일을 안 하고 돌아보는 데만 열중한다. 자신을 살펴보는 것을 일로 삼든 아니면 일만 하고 돌아보지 않는 것, 즉 전문수행인이 되든 세속적인 삶을 살든 두 길 중에 하나를 선택하려고 한다. 하지만 이 두 길은 사실 하나의 길이다. 수행한다고 일을 못하거나 일한다고 수행을 못한다는 이런 일은 있을 수 없다. 일과 수행은 어떤 모순도 없다. 그것은 일과 수행이라는 별개의 것을 통합시키는 것이 아니다. 삶이 그대로 수행이고 생활이 그대로 수행이기 때문에 누구나 자신이 서 있는 그 자리에서 자유로운 삶, 행복한 삶을 누릴 수 있다.

일과 수행

정토행자와 수행

우리가 지향하는 세상, 정토

우리들이 지향하는 세상, 우리들이 이루고자 하는 세상은 정토다. 정토를 한자(漢字)로 풀어 보면 맑을 정(淨)자에 흙 토(土)자다. 그 속에는 깨끗한 세상, 맑은 세상이라는 의미가 담겨 있다.

반면에 고통에 찬 중생의 세계는 '예토(穢土)'라고 한다. 고통을 유발하는 사회적 조건이 팽배하고 사람들의 마음이 욕망과 분노와 어리석음으로 가득 찬 세상을 말한다. 정토란 이러한 고통을 유발하는 조건이 사라진 사회, 탁한 마음이 사라지고 청정한 사람들이 사는 사회를 말한다. 우리는 이런 깨끗한 세상, 살기 좋은 세상, 괴로움이 없는 세상을 만들고자 한다.

괴로움이 없는 세상에 도달하기 위한 방법에는 여러 가지가 있다. 일반적으로 종교에서는 주로 내가 바르게 사는 것이 우선이고, 특히 불교에서는 내 마음을 바르게 닦으면 된다는 쪽이 강하다. 반면 사회 운동에서는 사회적 조건인 정치·사회·경제·문화·자연 환경을 좀 더 좋게 바꾸려는 사회 개혁, 즉 새로운 사회 건설이 강조된다.

역사적으로 살펴봐도 사회 운동가들은 새로운 사회를 건설하려고 했고, 종교가들은 마음을 닦는 데 주력했다. 그렇지만 우리는 수행과 이상사회의 건설을 따로 보지 않는다. 그것은 마땅히 함께 이루어져야 한다.

이는 대승불교의 근본사상이기도 하다. 대승불교의 추진 주체인 보살들은 이른바 '상구보리 하화중생'이라고 해서 자기 마음을 닦는 것과 중생구제를 늘 함께 해 나갔다.

일과 수행의 통일이란 무엇인가?

그렇다면 우리가 지향하는 정토를 어떻게 건설해야 할까? 그것은 일과 수행의 통일이다. 여기서 말하는 수행은 자기 마음을 다스리는 쪽에 초점이 맞춰져 있고, 일은 이 세상을 좀 더 아름답게 가꾸려는 사회 개혁적인 의미가 강하다. 이것은 새로운 방법이 아니라 성불과 정토구현, 깨달음과 중생구제를 동시에 추구하는 보살의 수행법이다. 이에 우리는 그 의미를 포함할 수 있는 현대적인 용어로, 일과 수행의 통일이라 명명한 것이다.

흔히 대승불교에 대해 수행을 해서 깨달음을 얻고 난 후에 부지런히 중생을 교화하거나, 아침에는 수행하고 저녁에는 중생을 구제하거나, 깨달음과 중생구제를 동시에 하자는 것으로 이해한다. 그런데 이런 생각은 깨달음과 중생구제를 분리해서 보는 관점으로 대승불교의 근본에서 보면 맞지 않다.

원래 보살사상의 핵심은 중생세계를 없애므로 바로 부처세계로 들어간다는 것이다. 즉 중생구제와 관계없는 수행이 따로 없고 수행을 떠난 중생구제 또한 따로 없다는 것이다.

우리 역시 그와 같은 관점이다. 아침에는 수행하고 저녁에는 일한다든지, 일하면서 수행한다든지 즉 입으로는 '관세음 보살'을 염불하면서 손으로는 밭을 맨다든지, 아침에 한두 시간 참선하고 오후에 밭을 맨다든지, 3년 간 열심히 수행하고 그 이후에 일을 하자는 그런 것은 아니다. 일과 수행의 통일은 바로 일하는 가운데 그대로 마음이 편안한 것을 추구하기 때문에 현상적으로는 늘 일하고 있는 상태를 의미한다.

이런 일과 수행의 통일된 원리를 배우면서도 수행은 앉아서 염불하거나 참선하거나 경전을 읽는 것이고, 일은 밭을 매거나 청소하는 것이라는, 그래서 일 따로 수행 따로 하는 습관이 존재한다.

그렇기 때문에 수행부터 해 놓고 일을 하자든지, 수행도 하고 일도 하자든지, 일하는 중에 수행도 같이 하자는 등 일과 수행을 분리해 놓고 여러 가지 결합 방식을 찾는다. 이런 생각은 근원을 꿰뚫어 보지 못하는 데서 일어난다.

수행이란 무엇인가?

그럼 과연 수행이란 무엇인가? 우리가 수행이라고 말할 때 '행(行)'은 육체적인 행동만을 의미하는 것이 아니다. 십이연기─무명(無明)·행(行)·식(識)·명색(名色)·육입(六入)·

촉(觸)·수(受)·애(愛)·취(取)·유(有)·생(生)·노사(老死)—에서의 행(行)이고, 오온—색(色)·수(受)·상(相)·행(行)·식(識)—에서의 행(行)이다. 그 행(行)으로 지은 업(業)을 없애는 것이 수행이다.

그렇다면 업은 어떻게 형성될까? 신(身)·구(口)·의(意) 삼업(三業), 즉 생각과 말과 행위를 잘못해서 업이 형성된다. 이 생각과 말과 행동을 통틀어서 행이라고 한다. 행에는 어떤 의지가 담겨 있다. 흔히 아무 의미 없이 '너, 죽여 버리겠다' '저 꽃을 꺾어야겠다' '밥을 먹어야겠다'고 말한다지만, 그 속에는 어떤 의지가 내재되어 있다. 이처럼 어떤 의지를 나타내는 생각과 말과 행동은 곧바로 업으로 남는다.

부처님 당시 장님 스님 한 분이 계셨는데 그분이 길을 걷다가 개미를 밟았다. 그래서 이 스님의 행위가 '살생이냐, 아니냐' 하는 논쟁이 벌어졌다. 그때 부처님께서 이 장님 스님의 행위는 살생이 아니라고 말씀하셨다. 즉 그 스님의 행위는 업이 되지 않는다는 것이다.

그것은 그 스님이 무의식중에 한 행동이라든지 모르고 한 행동이라든지 하는 개념과는 다르다. 무의식중에 하거나 모르고 했다 하더라도 거기에는 어떤 보이지 않는 의지가 작용할 수 있다. 그런데 이 장님 스님이 개미를 밟은 것은 마치 우리가 산야를 뛰어다니다가 미세한 세균을 밟은 것과 같은 이치다.

수행이란 행을 닦는다는 것으로서 신·구·의 삼업을 닦아 이치에 맞게 행동한다는 말이다.

그런데 수행과 수련을 혼동해서 사용하는 경우가 많다. 그래서 보통 수행한다고 할 때 그것은 99%가 수련을 의미한다. 물론 언어는 의미를 부여하기 나름이지만, 적어도 마음닦는 사람들에게는 구분할 필요가 있다.

수련은 심신을 단련하는 것이다. 심신을 단련할수록 육체적·정신적 힘이 생긴다. 그 힘을 이용하여 건강을 얻든 돈을 벌든 지위를 높이든 명예를 얻든 할 수 있다.

반면 수행은 업을 닦고 이치에 맞게 행동하는 것이다. 이 업은 마음을 닦아 없애야 한다. 신·구·의 삼업으로 형성된 잔여분을 없애는 데는 시간이 걸린다. 또한 그 근원인 마음을 닦지 않으면 언제든 폭발할 소지가 있으므로 수행의 근본은 마음에 있다고 하는 것이다.

사람들은 누구나 이 세상을 그냥 아무렇게 살지 않는다. 뭔지 모르지만 열심히 살아가고 있다. 열심히 살아야 한다는 생각에 쫓겨 조급하기도 하다. 세월은 자꾸 흐르는데 뭔가 해 놓은 것이 없다는 생각에 불안하기도 하다.

그런데 한번 생각해 보자. 이 세상을 사는 목적은 무엇일까? 무엇을 위해 정신없이 이리뛰고 저리뛰며 살까? '나는 이것 때문에 세상을 산다'고 자신있게 대답하는 사람은 열 명 중에 한 명 있을까 말까 하다.

무엇인가를 위해 순간순간 열심히 살고 있는 것 같은데 자세히 물어보면 모른다. 그러나 그 사람들이 말한 내용을 종합해서 결론을 내려보면, 누구나 행복하게 살고자 무엇인가를 하며 산다. '결혼하면 행복할까?' '돈을 많이 벌면 더 행복하지 않을까?' '사회적 지위가 올라가면 더 행복하지 않을까?' 이렇게 무엇인가를 추구하는 이유는 모두 행복을 쫓기 때문이다.

그러면 행복이란 것이 과연 무엇일까? 어떤 상태를 행복하다고 할까? 행복이란 기분이 좋은 것이다. 복받으면 기분이 좋다. 그래서 우리는 정월 초하룻날부터 복받기를 원하고, 절에 와서도 복받으려고 기도한다.

이 복이란 다른 말로 표현하면 욕구의 충족이다. 욕구가 충족될 때 만족감이 생긴다. 반대로 욕구가 충족되지 않을 때 불만족이 생긴다.

행복은 어떤 욕망이 충족되었을 때 느끼는 기분 좋은 상태를 말하고, 불행은 욕망이 충족되지 않았을 때 느끼는 불쾌감을 말하지만, 보통은 순간적으로 일어났다가 사라지고 다시 일어났다 사라진다. 그래서 똑같은 일을 두고도 기분이 좋기도 하고 나쁘기도 한다.

한 쌍의 남녀가 연애할 때를 살펴보면 알 수 있다. 두 사람이 연애하는 동안은 행복하다. 그렇다고 마냥 행복하지는 않다. 연애하는 동안에도 마음이 맞지 않아 싸우기도 한다. 그때는 괴롭다. 하루 24시간을 따져봐도 행복한 시기와 불행한 시기로 나눠진다.

사랑하는 사람을 만난다는 설레임으로 하루가 즐거웠다가도 약속 시간에 맞춰 상대가 나오지 않으면 어떤가? 처음에는 '퇴근 시간이라 길이 막혀 늦어지나 보다' 하고 이해하다가도 차츰 시간이 지나면 온갖 생각이 스치면서 화가 난다.

이처럼 행복했던 시기에도 불행한 순간이 있고, 불행했던 시기에도 행복한 순간이 있다. 그래서 전체적으로 기분 좋은 일이 많았으면 행복했던 시기라 하고, 기분 나쁜 일이 많았으면 불행했던 시기라고 한다.

또 사람마다 똑같은 경우를 당해도 기분이 좋아지는 때가 있고, 기분이 나빠지는 때가 있다. 예를 들어 누구한테 따귀를 한 대 맞았다고 하자. 짝사랑하던 여자가 전혀 반응을 보이지 않다가 첫 반응으로 따귀를 때렸다면 따귀를 맞고도 씩 웃는다.

맞으면서도 '나한테 뭔가 반응해 주는 것이 안 해 주는 것보다 훨씬 낫다'고 생각하기 때문이다. 사정을 모르는 다른 사람이 볼 때 불행한 것이지, 그 사람한테는 불행이 아니다.

보통 상대방이 나를 때렸기 때문에 불행하고, 나를 안아주었기 때문에 행복하다고 생각하기 쉽다. 하지만 무조건 상대방에게 안겼다고 해서 행복하거나, 맞았다고 해서 불행하진 않다. 내가 싫어하는 사람이 안으면 기분이 나쁘고 내가 좋아하는 사람이 때리면 한 대 맞아도 기분이 좋기도 하다. 그래서 행복과 불행은 자기로부터 일어난다는 것이다.

허황된 생각이 불행을 자초한다

길을 가다 10만 원을 주우면 기분이 좋은 반면, 일주일
동안 뼈빠지게 일하고 10만 원을 받으면 기분이 나쁘다.
똑같은 10만 원을 벌었는데 기분이 좋을 때가 있고, 그렇
지 않을 때가 있다. 왜 그럴까? 뼈빠지게 일하고 10만 원
을 받으면 기분이 나쁘고, 아무런 노력없이 10만 원을 받
으면 기분이 좋다. 부모가 100만 원쯤 주겠지 하는 기대
를 갖고 찾아갔는데 10만 원을 주면 기분이 언짢고, 생각
지도 않았는데 용돈으로 10만 원을 받으면 기분이 좋다.
이것은 모두 기대 심리와 연관된다. 일을 많이 하면 기대
심리가 높아지고, 아무 일도 하지 않으면 기대 심리가 없
다. 그렇기 때문에 길거리를 가다가 돈을 주우면 기분이
좋고, 일하고 나서 돈을 받으면 기분이 좋지 않다.

복도 마찬가지다. 친구를 잘 만났다, 남편을 잘 만났다,
자식을 잘 두었다, 부모를 잘 두었다…… 이런 말을 잘
살펴보면 자기보다는 친구가, 자기보다는 남편이, 자기보
다는 자식이, 자기보다는 부모가 뭔가 자기에게 더 이로운
존재라고 생각할 때 그런 말을 한다는 것을 알 수 있다.

그 사람들이 가진 재물이나 학벌, 건강, 마음씨 등이 나를 위해 많이 사용되어질 때 복받았다고 한다.

자식은 형편없는데 부모 덕택으로 잘 살면 "저 사람, 부모 덕은 있어" 하며 부러워한다. 부모는 형편없는데 자식이 출세해서 돈도 마음대로 쓰고 남한테 대우받으면 "저 사람, 자식 복 하나는 타고 났어" 하며 부러워한다. 학교다닐 때는 별 볼 일 없는 아이가 남편 잘 만나 폼나게 살면 "잘난 것도 없는 게 남편 복은 있어" 하며 부러워한다. 이 복은 엄격하게 말해 다른 사람에게 덕보는 것을 말한다. 주는 것 없이 많이 받으면 복받는 것이다.

사주팔자가 좋다는 말도 그렇다. 노력하지 않아도 저절로 돈이 들어오고, 어려움에 처할 때마다 귀인이 나타나서 도와 주는 것을 뜻한다.

문제는 누구나 다 이렇게 되고 싶다는 데 있다. 즉 세상 사람 모두 자기를 좋아해 주기를 바라고, 우러러보기를 원하고, 돈 갖다 주기를 바라고, 내가 한 마디 하면 척척 들어주기를 원한다는 것이다.

그런데 그 바라는 것이 제대로 안 되어 괴롭고, 내 주위에 늘 좋은 사람이 있어야 하는데 뜻대로 안 되어 괴롭고, 미운 사람은 만나지 않았으면 하는데 내 옆에 붙어 있어 괴롭다.

이것이 우리의 인생이다. 우리가 말하는 행복이란 다른 사
람의 불행 위에 서 있다. 여기에는 누구도 예외가 없다.
저마다 좋은 자리 많은 이익을 차지하려고 하니까 갈등이
생기고 다툼이 생긴다. 다툼의 결과 승자와 패자로 나뉘게
된다.

승자는 다른 사람의 불행 위에 자신의 행복을 쌓은 사람
이고, 패자는 다른 사람의 행복을 위해 자신이 희생된 억
울한 사람이다. 자기를 중심에 놓고 보면 복받은 것이고,
다른 사람의 처지에서 볼 때는 재수가 없는 것이다.

누구나 다 일하지 않으면서 떼돈 벌려고 하고, 노력하지
않고 권력을 잡길 원한다. 다른 사람이 볼 때는 허황되고
미친 생각으로 보이지만, 이렇게 되는 것이 자기에게 복이
라고 믿고 있다. 아무런 노력 없이 권력과 재물을 차지한
사람을 욕하면서도 마음 한편으로는 부러워한다. 그래서
재벌을 욕하면서 자신은 재벌되기를 원하고 권력자를 욕
하면서 자신은 권력자가 되기를 원한다.

그렇다고 누구나 원한다고 재벌이 되고 권력자가 되는 것
은 아니다. 그럴 때는 어떻게 해야 할까? 또 다른 방법을
강구한다. 돈을 주고서라도 더 큰돈을 벌려고 하고, 권력

자에게 잘 보여 더 높은 자리에 올라가려고 한다.

저마다 이기려고만 하기 때문에 비록 다른 사람이 보는 앞에서는 정당하게 경쟁할지 몰라도, 남들이 보지 않는 곳에서는 부당한 행위도 마다하지 않는다.

종교를 찾는 대부분 사람의 심리도 여기에 기반을 둔다. 쥐꼬리만큼 보시하고 더 큰돈을 구하거나, 부처님께 빌어 그 가피로 줄을 잘 잡아 획기적인 어떤 것을 이루려고 한다.

어떤 권력자의 줄을 잡아야 명성을 얻을 수 있을까를 고민하는 것처럼 하나님 줄을 잡는 것이 확실한지 부처님 줄을 잡는 것이 확실한지를 놓고 고민하기도 한다. 관세음보살 줄이냐 지장보살 줄이냐를 놓고 고민하기도 한다. 누가 더 영험이 많은지 저울질한다는 이야기다.

사람들의 이런 심리에 따라 많은 종교 지도자들은 자신을 따르면 부와 명예를 확실하게 보장받을 수 있다는 믿음을 주기 위해 특별한 옷을 입거나, 특별한 이름을 붙이거나, 보통 사람이 하지 않는 행동을 한다. 그래서 신통이나 기적이 칭송되는가 하면, 모르는 주문이 나오기도 하고, 갖가지 의식 절차를 복잡하게 하기도 한다.

왜 그런 종교인들의 주위에 사람들이 모일까? 노력하지

않고 횡재하려는 허황된 욕심이 있기 때문이다.

현재 중국에서 한국으로 올 수 있는 합법적인 방법이 힘들다는 것은 조선족이면 누구나 다 알고 있다. 그런데도 한국에 보내주겠다는 사기꾼에게 쉽게 속는다. 그런 방법으로 한국에 가는 사람이 한 사람도 없으면 속지 않을텐데, 100명 중 한두 명은 한국에 간다. 그러니까 속는 한이 있어도 데려다 주겠다는 사람한테 찾아가지, 한국 가는 길이 없다는 사람에게는 찾아가지 않는다.

사기꾼에게 사기 당한 어떤 사람에게 신문 기자가 "그 사람은 사기꾼이다"고 하면 "나한테 명함을 주던데요. 진짜 같던데요"라고 말한다. 사기혐의로 고발까지 당했는데도 그 사기꾼이 진짜라고 주장한다. 일말의 가능성을 못 버리기 때문이다.

나 역시 그렇게 속을 가능성이 있다. 수련장을 헐값에 준다거나, 북한 돕기에 몇 억을 준다고 하면, 관심이 쏠리고 속을 가능성이 있다.

또 배가 고프면 허겁지겁 독약을 먹을 가능성도 많다. 토끼 사냥할 때 여름보다 겨울에 먹이를 미끼로 사용하는 이유는 겨울에 곤궁하기 때문이다. 배고플 때 식량이 무기가 될 수 있고, 여자를 좋아하는 사람에게 미인계가 통하며, 재물을 좋아하는 사람에게 뇌물이 통하고, 권력을 좋아하는 사람에게 아부가 통한다.

그래도 정치인이나 종교인, 교수는 뭔가 다르지 않겠는가 생각한다. 하지만 실상을 알고 나면 대부분 실망한다. 우리 사회 어느 곳이나 대부분 그렇다. 현재 우리 사회의 정치 생리를 잘 모르는 사람은 정치인이 나라를 위하고 민족을 위하는 것 같이 생각하겠지만, 실제로 정치하는 사람에게 물어보면 정치인은 다 사기꾼이라고 한다.

교수들은 다 양심이 있고 인격이 있는 줄 알지만, 우리 사회에서 제일 부패한 곳이 교육계라고 하는 사람도 많다. 박사 학위를 받으려고 해도, 교수가 되려고 해도 돈이 없으면 안 된다고 한다.

또 불교신도들이 보면 스님들은 모두 청정해 보인다. 그런 스님들이 왜 몽둥이 들고 싸우는가 의아해 한다. 하지만 그렇게 하는 스님들이 볼 때는 몽둥이 들고 싸우는 것이 너무나 당연하다. 서로 상대방이 부도덕한 사기꾼이라고 생각하고 그런 사기꾼들을 몰아내기 위해서는 몽둥이질도 당연하다고 생각한다.

사람들은 권력과 재물을 버린 사람을 존경한다. 그렇게 존경하는 사람이 많아지다 보면 그 사람에게 재물과 권력이 모이기도 한다. 이런 상황을 이용해 재물과 권력에 대한 욕심이 없는 척 하면서 명예를 먼저 얻고 그것을 토대로 권력과 재물을 얻으려 하는 사람도 있다.

권력이나 재물의 길에 뒤쳐진 사람이 일시에 복귀할 수 있는 또 하나의 길이 신통을 얻는 방법이다. 그래서 재벌가나 권력자의 주위에 도사가 많이 붙어 있다. 이 세상에서 권력 얻는 길에 실패하고, 재물 얻는 길에 실패하고, 뜻대로 안 되면 신통을 얻는 쪽으로 나가는 사람도 있다. 신통을 얻게 되면 사람들이 따른다. 병도 고쳐 주고, 돈 버는 길도 일러 주고, 권력 잡는 길도 일러 주니 따르는 사람이 생기고 자연히 명예도 따른다. 결국 권위가 서게 되고, 세월이 흐르면서 재산도 축적되고, 좋은 차를 타게 되고, 잘 생긴 여자나 남자가 따르게 된다. 그러면 색다른 옷을 입고 폼을 잡는 등 뭔가 특별한 행동을 하기도 한다. 이렇게 보면 우리가 추구하는 삶, 즉 행복의 정체는 무엇일까? 노력은 적게 하고 권력이나 재물은 많이 갖고 싶고, 뭔가 다른 사람이 없는 신통도 갖고 싶고, 그래서 다른 사람한테 존경 받을수록 행복하다고 생각한다.

또한 다른 사람에게 명령할 수 있는 지위에 오를수록 행복하다고 본다. 무의식중에 그러한 길을 추구하는데, 그렇게 안 되면 괴로워한다.

수행자 중에도 언젠가는 특별한 경지가 열릴 것이라는 믿음으로 힘들지만 밥도 굶고, 헌 옷 입고, 다른 사람에게 욕먹으면서까지 수행하는 사람도 많다. 이런 생각으로 수행하니까 열심히 하다가도 뭐가 되는 게 별로 없다고 생각되면, 이럴 바에야 세속에 나가 사는 것이 더 낫겠다는 생각을 하기도 한다.

서로 상생관계일 때 이루어지는 바른 삶

자신의 모습을 가만히 살펴보라. 자신도 그런 허황된 생각으로 절 집안에 들어왔으면서 자기와 똑같은 모습을 하고 있는 사람을 욕하고 있는 것은 아닌지. 그렇다면 그것은 결국 자신에 대한 비난이다. 오늘 우리의 삶은 방향만 약간 차이가 있을 뿐 대부분 그런 길에 서 있다.

결혼하는 심정도, 결혼하지 않고 혼자 살겠다는 심정도, 절에 들어오는 심정도, 절에 들어가지 않는 심정도 마찬가지다. 자식을 낳으면 좋을 줄 알았는데 자식 때문에 괴롭고, 스님 되면 좋을 줄 알았는데 스님 된 것 때문에 괴롭고, 계를 받으면 좋을 줄 알았는데 계 받은 것 때문에 괴롭고, 법사 수계 받으면 좋을 줄 알았는데 법사 수계 받은 것 때문에 괴롭다.

그래서 법사 하지 않으면 안 되느냐, 스님 하지 않으면 안 되느냐고 묻기도 한다. 결혼한 사람이 결혼생활에 대해, 아이 낳은 사람이 아이 때문에, 사업하는 사람이 사업 때문에 괴로움이 생겼다고 한탄한다.

사람들이 괴로울 수밖에 없는 이유는 허황된 생각을 하고 있기 때문이다. 이 허황된 생각을 전도몽상(顚倒夢想)이라고 한다. 이 전도몽상에서 깨어나지 않고는 우리의 삶은 필연적으로 괴로울 수밖에 없다. 그래서 범부 중생의 삶은 모두 괴로움이라고 하는 것이다. 한순간 즐거움이 있다해도 금방 속박이 뒤따라오게 되고, 나중에는 그것 때문에 못 살겠다는 소리까지 나온다.

대접받고 편하게 살고자 스님이 된 경우에는 '고기 먹지 말라, 술 마시지 말라, 여자 가까이 하지 말라'는 계율이 불편하고 답답하다. 대접받고 존경받는 훌륭한 스님이 되려면 불편해도 계율도 지키고 여러 가지 많은 것을 신경 써야 하니 괴롭고, 신경쓰지 않고 내 멋대로 살면 땡초 소리나 듣고 별 볼 일 없어지니 그것도 원하는 바는 아니다.

왜 이렇게 하는 일마다 괴로울까? 그것은 쥐가 쥐약을 먹는 것과 같고, 물고기가 낚싯밥을 무는 이치와 똑같다. 쥐가 쥐약을 먹고, 물고기가 낚싯밥을 무는 것은 전생에 죄를 지어서도 아니고, 하느님이 벌을 줘서도 아니다. 다만 쥐약인 줄 모르고 먹어 그렇다. 이것이 바로 전도몽상이고 무명이다.

한 남자를 만나 고생하는 것은 전생에 죄를 지어서도 아니고, 하느님이 벌을 내려서 그런 것도 아니다. 저 남자와 결혼하면 뭔가 좋은 일이 생길 것이라고 잘못 생각한 탓이다.

그것은 이미 그 남자를 만나 좋아할 때 예측되어 있는 일이다. 그래서 자기로부터 나아가 자기에게 돌아온다고 하는 것이다.

왜 이런 무지가 발생할까? 보통 우리는 모든 사물은 각각 개별적인 존재라고 본다. 그래서 나는 나고 너는 너다, 돌은 돌이고 풀은 풀이다, 나무는 나무고 자연은 자연이라고만 생각한다. 그러한 존재의 개별성은 배웠든 배우지 않았든 자연스럽게 인식된다. 존재의 개별성이 있다고 생각하니까 나고 죽는 것이 있고, 창조와 멸망이 있다고 본다. 한 알 한 알의 모래가 모여 모래밭이 되는 것처럼 이 세계도 그렇다고 생각한다.

홉스는 이 사회를 '만인에 대한 만인의 투쟁'으로 보았기 때문에 약육강식, 생존경쟁, 자연도태를 생존의 원리라고 했다. 그래서 내가 살려면 다른 사람을 죽여야 한다. 내가 이익을 보려면 다른 사람에게 손해를 끼쳐야 하고, 내가 편하려면 다른 사람을 불편하게 하는 것은 당연하다. 이런 경쟁사회에서는 모든 것이 승리의 관점에 서게 된다. 그래서 세상의 모든 학문이나 처세술이 어떻게 하면 경쟁에서 승리할 것인가에 관점이 맞춰져, 갖가지 이론서가 나온다. 각각의 존재가 개별적이라면 생존경쟁의 세계관은 맞다. 그러나 존재의 실상은 개별적 존재(我)가 아니라 상호 연관적 존재다. 변화하지 않는 홀로된 단독자는 없다. 이것을 이름하여 '무아(無我)'라고 한다.

그런데 왜 이러한 잘못된 인식이 생겼을까? 그것은 감각기관에 의지해서 세상을 이해하기 때문이다. 이렇게 눈으로 보고 귀로 듣고 코로 냄새맡고 혀로 맛보고 손으로 만져보는 것을 토대로 세상을 이해하는 데는 두 가지 한계가 있다. 하나는 공간적으로 전체를 보지 못하고 부분적으로 본다는 것과, 다른 하나는 시간적으로 길게 보지 못하고 순간적으로 본다는 것이다.

조금만 정신 차려 좀더 넓고 길게 보면 존재의 본질이 단독자의 집합이 아니라는 것을 알 수 있는데, 순간적이고 좁게 본 것으로 모든 사물을 단정해 버린다. 이것이 전도몽상이다. 전도몽상은 이렇게 존재의 본질을 바로 보지 못하는 근본적인 어리석음에서 생긴다.

누군가 이 세상을 창조했다는 생각도 무지에서 생겨난다.

그런데 그 잘못된 전제 위에 이 세상의 주인, 창조주를 찾으려고 엄청나게 헤맨다.

모래로 밥을 지으려 해도 안 되는 것처럼, 이 세상은 창조된 것이 아니니 찾으려 해도 찾을 수 없는 것은 당연하다. 이 사실을 알아버리면 주인을 찾고자 굳이 노력할 필요가 없어진다.

그것처럼 이 근본 무지를 깨버리면 이제까지 고민했던 모든 문제가 해결된다. 갖은 노력 끝에 해결되는 것이 아니다.

부처님께서도 이러한 근본 무지에서 벗어나 보니 존재의 실제 모습은 그렇지 않다는 것을 아셨다. 오늘날 과학자들도 연구에 연구를 거듭해서 궁극적으로 들어가 보니 물질의 근본 입자가 없다는 것을 알게 되었다. 심리학에서도 생각은 형성된 것임을 알게 되었다.

즉 '이것이 있으면 저것도 있고, 이것이 없으면 저것도 없다'는 존재의 상호 연관성을 확인한 셈이다. 이것을 교리적으로 정리한 것이 연기(緣起)다.

한 연못에 사는 물벌레와 개구리와 뱀을 개별적 존재로 파악할 때는 서로가 약육강식의 관계이고 적자생존의 관계다. 개구리의 처지에서는 자신들이 물벌레를 잡아먹는 것은 당연하지만, 뱀이 자신들을 잡아먹는 것은 악마와 같은 짓이다.

그래서 자신들의 번영을 위해 뱀을 다 죽여버렸다고 하자. 일시적으로는 개구리의 천국이 도래한다. 그러나 개구리의 지나친 증가는 물벌레의 멸종을 초래하고 다시 개구리의 멸종을 초래한다. 알고 보니 결국 뱀은 개구리가 존재하기 위해 필요한 존재였던 것이다.

반면 상호 연관된 각도에서 보면 물벌레가 있어서 개구리가 살고 물벌레가 없으면 개구리가 죽듯이, 뱀이 있어야 개구리가 살고 뱀이 없어지면 개구리도 없어진다. 이것은 물벌레가 개구리에게 쓰이는 것이고 개구리가 뱀에게 쓰이는 것이고, 개구리는 물벌레를 쓰는 것이고 뱀은 개구리를 쓰는 것이다. 이렇게 쓰고 쓰이면서 서로 생존한다.

지렁이가 땅 속에서 움직이는 것은 지렁이 스스로도 필요하지만 그것 때문에 다른 동물도 살아간다. 풀은 자기 스스로도 생존하지만 풀이 생산한 산소로 많은 동물이 살아가고, 동물이 식물의 열매를 먹고 살지만 그것은 식물을 번성케 하는 요인이기도 하다. 식물은 열매 자체를 먼 곳으로 옮길 수 없지만 동물이 그것을 먹고 난 후 버리는 배설물 속에는 씨앗이 섞여 있어 그 씨앗이 자라게 되기 때문이다. 결국 서로 쓰고 쓰이는 삶을 사는 것이다.

아내와 남편의 관계도 개별적으로 보면 경쟁관계에 있다. 그래서 결혼하자마자 아내 길들이기를 하거나 남편 길들이기를 한다. 상대에게 잡히면 평생 고생하니까. 이것은 나라와 나라 사이, 인종과 인종 사이, 인간과 생태계 사이에서도 마찬가지다.

서로 경쟁관계에 있으면 패배한 처지에서는 늘 그것을 회복하려는 욕구가 있다. 따라서 그 관계는 언젠가 뒤집히고 거기에는 나름대로 보복 원리가 생긴다.

결혼한 부부간에도 젊을 때는 남자가 큰소리 치지만 아이를 둘, 셋 낳고부터는 여자가 큰소리 치고 산다. 윗사람이 아랫사람 말을 잘 듣지 않고, 부모가 자식 말을 잘 듣지 않고 독재를 하다 보면 밑에서는 자연적으로 속임수를 쓴다. 그리고 언젠가는 쿠데타를 일으킨다. 서로 개별적인 존재로 보고 살아갈 때 일어날 수밖에 없는 당연한 현상이다.

정말로 자신이 행복할 때는 어느 때일까? 보통의 경우 다른 사람이 나를 사랑하면 행복하고, 사랑하지 않으면 행복하지 않다. 그러나 항상 그런 것은 아니다. 내가 싫어하는 사람이 나를 끔찍이 사랑하면 행복하지 않다.

반면 내가 좋아하는 사람을 위해 무엇인가 할 때는 어떤가? 일하면서도 콧노래가 절로 나온다. 자신이 좋아하는 사람에게 쓰일 때는 행복하고, 싫어하는 사람은 내게 무엇인가를 해 줘도 기분 나쁘다.

잘 살펴보면 참된 행복은 주는 데 있고, 사랑하는 데 있고, 무엇인가 다른 사람의 의지처가 되어 주는 데 있다. 그럴 때 진정한 주인 노릇을 하게 된다. 그런데 왜 주고도 괴로울까? 거기에는 무엇인가 받으려는 생각이 있기 때문이다.

걸레의 존재 의의는 때를 닦는 데 있다. 걸레가 금으로 만들어졌느냐 은으로 만들어졌느냐는 조금도 중요하지 않다. 눈의 존재 의의는 보는 데 있다. 눈이 동그랗게 되었는지 길쭉하게 찢어졌는지는 조금도 중요하지 않다. 좋은 선생님은 많이 아는 게 아니라 아이들에게 잘 쓰이는 데 있다. 많이 아는 것은 잘 쓰일 수 있는 기반은 되지만, 많이 안다고 해서 반드시 잘 쓰이는 것은 아니다.

잘 살펴보면 누구나 알 수 있는 사실을 잘못된 가치관에 휩쓸리다 보니 근본을 놓치고 산다.

수행은 바로 이러한 잘못된 생각을 버림으로써 괴로움과 속박에서 벗어나는 것이다. 그런데 이 괴로움과 속박은 다 자기 마음에서 일어난 것이다. 순간의 경계에 따라 뒤집혀진 생각을 근거로 해서 괴로움은 일어난다.

이 뒤집혀진 데서 벗어나려면 얻으려는 생각을 내려놓아야 한다. 이것을 <반야심경>에서는 무소득(無所得), 얻을 바가 없는 것이라고 한다. 선(禪)에서는 방하착(放下着), 내려놓으라고 한다.

'한 생각 내려 놓으라'는 말은 뒤집혀진 생각을 내려놓으라는 말이며, 한번 돌이켜 다시 살펴보라는 말이다. '현재에 집중하라'는 말은 항상 깨어 있으라는 말이다. '참회하라'는 말은 내가 옳다는 생각을 내려놓으라는 말이다. '과정을 중요시한다'는 말은 현재에 깨어 있으라는 말도 되고, 일단 해 본다는 말도 된다.

우리가 먼저 해 보려고 하지 않는 이유는 결과를 중요시하기 때문이다.

수행과 수련의 차이

사람들은 수행의 기술, 수행의 능력 등을 이야기한다. 그러나 수행의 근본은 방법이나 기술 혹은 능력과는 관계가 없다. 그것은 수행이 아니라 수련이다. 수련은 심신을 훈련시키는 것을 말한다. 엄청난 힘이 나오는 차력사뿐 아니라 몸을 잘 단련하면 누구나 엄청난 힘이 나온다.

보통 사람은 1m밖에 못 뛰어넘는데 5m를 뛰어넘기도 하고, 손으로 벽돌을 때리면 보통은 손만 아프고 벽돌은 깨지지 않는데 순간적으로 힘을 가하면 열 장이 깨지기도 하는 등 여러 가지 능력이 발생한다. 우리의 정신도 잘 단련시켜 순간적으로 사용하면 엄청난 힘이 생긴다.

우리가 여러 가지 학문과 기술을 배우는 것도 힘이 생기기 때문이다. 훈련하고 단련하면 힘이 생긴다. 돈을 벌려면 돈의 흐름을 잘 알고 원리를 터득해야 한다. 큰돈을 벌려면 큰돈을 가진 사람들을 상대해야 한다. 그래서 장사를 하더라도 큰돈을 벌려면 큰돈 가진 사람의 기호에 맞게 가게를 꾸미고 물건도 그들의 기호에 맞게 준비해야 돈을 벌 수 있다.

우리는 수련을 통해 무엇인가 얻고자 하기에 갖가지 고생을 하면서도 수련을 한다. 하지만 수행은 얻고자 하는 것이 아니라 얻겠다는 생각 자체를 내려놓는 것이다. 얻는 것이 아니라 버리는 것이다. 잡아 붙드는 것이 아니라 내려놓는 것이다. 받는 것이 아니라 주는 것이다. 내려놓고, 버리고, 주는 데서 괴로움과 속박이 사라진다. 이렇듯 수련과 수행은 원리 자체가 다르다.

다른 사람을 이롭게 할 것인지 다른 사람을 해칠 것인지는 기술이 있느냐 없느냐의 문제가 아니다. 같은 기술을 가지고 다른 사람을 해칠 수도 있고 이롭게 할 수도 있다. 수행이 된 사람은 기술을 쌓을수록 다른 사람을 이롭게 하지만, 뒤집혀진 생각을 갖고 있는 사람은 능력이 있을수록 다른 사람을 해친다.

따라서 자신을 위해서도 다른 사람을 위해서도 무엇이 먼저 되어야 하는지 살펴봐야 한다.

무엇보다도 먼저 수행이 되어야 한다. 그래야 세상의 이치를 깨달아 자기와 다른 사람을 편안하게 한다. 수련은 그것이 기초가 될 때 닦아도 좋다. 즉 수련은 필요에 의해 닦으면 된다.

전제가 무너지면 두려움도 사라진다

얻고자 하는 생각을 내려놓는 수행법에는 참회가 있다. 참회는 자기가 옳다는 생각을 내려놓는 데 좋다. 화두는 가장 밑바닥에 깔려 있는 관념 자체에 의문을 제기하는 것이다. 이 세상은 창조되었다고 하는 것 자체에 의문을 제기하듯 오늘 우리가 살아가는 모든 삶의 가치관 자체에 의문을 제기하는 것이다. 변할 수 없다고 믿고 있는 전제에 근본적인 문제를 제기함으로써 박차고 나가는 것이 화두다. 경전에는 이러한 이치가 잘 설명되어 있다. 그 이치를 터득해서 결국은 깨달음을 얻을 수 있다. 또 계율은 우리의 어리석은 행동을 경계한다.

그러나 복받기 위해 참회한다면 그것은 진정한 참회가 아니다. 복줄 것이라고 생각하는 부처님이나 관세음 보살님께 잘 보이기 위한 것일 뿐. 마찬가지로 화두를 들고 참선하는 것이 화두를 타파한 뒤에 도력을 얻기 위해 하는 것이라면 말만 참선이지 복받기 위해 치성드리는 것과 조금도 다름이 없다.

무엇인가를 얻고자 하니까 조급해지고, 조급하니까 불안하고 초조해진다. 깨닫지 못했다고 답답해하고 그것 때문에 새로운 괴로움이 생겨난다. 이 얻으려고 하는 생각을 내려놓지 않는 한, 아무리 경전에 밝고 염불을 잘 하고 절을 많이 하고 참선을 오래 했다 하더라도 해탈이나 열반에 이를 수 없다. 그렇다고 참회 수행법이 잘못되었다거나 화두가 잘못되었다거나 경전이 잘못되었다는 것은 아니다. 염불도 마찬가지다. 염불 수행법이 따로 있는 것은 아니다. 염불하면서도 '염불하는 이 놈이 누군고' 하고 찾으면 화두가 된다. 염불을 하면서 부처님의 자비심을 생각하고 부처님의 말씀을 이야기하고 부처님의 계율을 행하면 이것 또한 괴로움에서 벗어나는 길이다.

그런데 염불을 단순히 정신 집중법으로 할 경우에는 비록 신통은 얻을 지 몰라도 해탈의 길과는 거리가 멀다. 근본적인 관념이 타파되지 않는 한 수행은 안 된 것이다.

뒤집힌 생각을 바로 잡는 것이 수행이고, 그 방법이 수행법이다. 수행문을 독송하는 것 자체도 수행법이 되고, 기도문을 갖고 절을 하는 것도 수행법이 되며, 명심문을 갖고 함께 일해 보는 것도 수행법이 된다.

선지식에게 받는 기도문의 내용을 보면 '내가 옳다, 내가 잘 했다'는 생각을 내려놓도록 되어 있다. 그런데도 '내가 옳다'는 생각에서 바라보니 기도문이 자신에게 맞지 않는 다. 그래서 다른 선지식을 찾고 다른 화두를 구하고 다른 수행법을 구한다.

간절히 기도하면 철저한 자각이 온다. 기도문을 갖고 수행 하던 중 어떤 순간 '정말로 그 기도문이 맞구나. 정말로 그렇구나'라고 가슴에 사무치게 다가올 때가 있다. 그때 비로소 우리의 공부는 한 발 나아가는 것이다.

그런데 그것이 잘 다가오지 않는다. 내가 옳고 상대방이 틀린 것은 너무도 당연하다. 그래도 내가 잘못했다고 하면 좋은 일이 생긴다니까 한번 해 보자는 생각으로 기도하는 경우가 많다. 자각이 이루어지면 괴로움도 두려움도 없어 진다. 괴로움이나 두려움이 사라지면 세상에 대해 조마조 마한 마음이 적어진다. 얻을 바가 없어지면 겁날 것도 없 다. 물론 어려운 상황에 부딪칠 때 간혹 그런 마음이 일 어나긴 하지만, 기본적으로는 삶에 대한 두려움이 사라지 고 확신이 생긴다. 이것이 득력이다.

두 점 사이의 최단 거리는 하나밖에 그을 수 없는 것은 상식이며 공리이다. 이 공리가 성립한다는 것은 평면이라 는 것이 전제되어 있기 때문에 가능하다.

이와 같이 우리가 어떤 이야기를 할 때는 반드시 전제가 있다. 그 전제를 내려놓는 것이 수행이다. 그런데 대부분 전제를 붙들고, 전제 위에서 기도하고 수행하기 때문에 기도를 하고 수행을 한다고 해도 마음이 자유로운 것은 기도하기 전이나 오십보 백보로 변화가 없는 것이다.

어떤 수행법이 더 좋으냐는 별로 중요하지 않다. '제가 잘못했습니다' 하고 한번 엎드려 절만 해도 그 전제가 무너질 수 있다.

그런데 많은 사람이 자꾸 특별한 어떤 수행법을 요구하는 이유는 무엇일까? 전제를 허물려고 하지 않고, 그 전제 위에서 무엇인가를 얻으려고 하기 때문에 자꾸 기술을 습득하듯 수행을 하고 깨달음을 얻으려 한다. 이것도 해서 얻고 싶고, 저것도 해서 얻고 싶고, 이것 하면 빨리 얻을 것 같고, 저것 하면 빨리 얻을 것 같다. 그래서 염불하다가 참선하고, 참선하다가 염불하고, 주력하다가 참선하면서 이곳 저곳을 헤맨다. 무엇인가 얻으려는 전제 위에 있기 때문이다. 그러나 수행은 이 전제를 허무는 것이다.

물론 전제를 허물고 이 이치를 깨달았다 하더라도 그 동안의 습이 남아 있기 때문에 순간순간 어두워지고 괴로울 수 있다. 그러나 이 사람의 괴로움은 순간일 뿐이다. 꿈인 줄 알고 있으므로 금방 제자리로 돌아온다. 남이 볼 때는 별 차이가 없는 것 같지만 그 사람은 이미 전혀 다른 사람이다.

사물을 보는 관점을 고칠 때 바뀌는 행복관

수행의 방법이 필요 없다는 것도 아니고, 또 어떤 특정한 방법이어야 한다는 것도 아니다. 다만 지금 우리 삶의 방향을 근원적으로 바꿔야 한다는 것을 말하고자 함이다. 사물을 보는 관점을 고쳐야 한다. 그 관점을 고치면 인생관과 가치관이 바뀌고, 따라서 행복관도 바뀐다. 행복관이 바뀌면 쓰이고 주는 것이 싫은데 억지로 참고 견디는 것이 아니라, 그냥 주는 것 자체가 기쁨이 된다.

스님이니까 수행을 잘 하고, 법사니까 수행을 잘 하고, 신도니까 수행을 못 한다고 생각해서는 안 된다. 수행은 스님이란 이름, 법사라는 이름, 행자라는 이름과는 관계가 없다. 목청이 좋고 안 좋고, 경전을 많이 읽고 안 읽고,

불교를 믿은 지 오래되었고 안 되었고는 전혀 관계가 없다.

엄청난 기술 터득을 수행으로 오해하는 사람도 있고, 반대로 기술을 익히지 않는 것을 마치 수행을 잘 하는 것처럼 자기 무기로 삼는 사람도 있는 등 각양각색이다. 그러나 기술 자체를 익히고 익히지 않는 것은 이 문제의 근본에서 벗어나 있다.

수행자는 필요하다면 당연히 기술을 터득하는 공부를 해야 한다. 그렇다고 그것 때문에 수행을 잘 하니 못 하니 하면서 조마조마해 하고 불안하고 방황할 필요는 없다. 쓰임새에 따라 할 수 있는 만큼 하면 될 뿐이다.

현상에 치우치면 원칙이 무시되기 싶다

다른 사람이 나를 시비하는 것은 어쩔 수 없다 하더라도, 내가 다른 사람을 시비하지는 말아야 한다. 예를 들어 현재 우리가 북한동포 돕기를 하는데 정부가 탄압해서 일을 못 할 수도 있다. 이 경우 일을 못 하게 되는 이유는 정부로부터 오는 것이 아니라 나로부터 오는 것이다.

이때 '정부가 문제 있다'고 지적하는 것까지는 괜찮다. 그것은 나의 견해니까. 하지만 '못 하겠다'고 할 때는 나에게 문제가 있어서 못 하겠다고 인정하고 그만둬야지 정부가 탄압하기 때문에 못 하겠다고 생각해서는 안 된다.

상식적으로는 이해할 수 있지만 수행의 관점에서는 옳지 않다. 수행자는 해야 할 일이라면 할 수 있는 모든 방법을 찾아서 해야 한다.

사리가 분명하고 일도 잘 하지만 성격에 모가 난 사람이 있어 그 사람과 못 살겠다고 할 때는 먼저 자신을 돌아봐야 된다. 이것이 수행의 원칙이다. 우리는 이런 관점을 분명하게 가져야 한다.

또한 다른 사람이 무엇을 하든 내 할 일만 하면 된다는 사고 방식도 수행의 근본에 맞지 않다. 상대가 잘못했다고 생각되면 지적하고 토론해야 한다. 문제제기를 할 줄 알아야 한다. 하지만 이 경우 고쳐지지 않는다고 못 살겠다고 포기하면 그것은 자기 문제다.

공부가 안 되는 이유는 늘 한쪽으로 흐르기 때문이다. 이야기 해 봐야 소용없다면서 포기하든, 아니면 좋은 게 좋은 거라면서 무책임하게 행동하든, 자신이 잘 하고 옳다는 명목으로 잘 하지 않는 사람을 비난해서 못 견디게 하는 것도 수행의 원칙과는 어긋난다.

따라서 우리는 수행의 원칙이 무엇인지를 먼저 명확히 이해하고 난 후, 그 수행의 원칙을 지킬 것인지 지키지 않을 것인지 자기 태도를 분명히 해야 한다.

수행은 다른 사람을 보고 '수행이 되었다, 안 되었다'를 평가하는 것이 아니라, 자기를 돌아보는 것이다. 따라서 다른 사람을 보고 '수행이 되었다, 안 되었다' 하는 것 자체가 벌써 자기 분별이다. 이것은 곧 자기가 수행이 안 되었음을 나타내는 것이다. 자기 잣대로 다른 사람을 보기 시작하면 분별이 생기고 화나고 짜증나지만, 그 잣대를 내려놓으면 편안해진다. 이것은 하나의 원리다.

앞으로 어떤 사람에 대해서도 '수행이 되었다, 안 되었다'는 말은 하지 않는 것이 좋다. 그것은 바로 '나는 수행이 무엇인지 모른다'고 말하는 것과 같다. 수행이란 '수행이 되었다, 안 되었다'를 논할 수 있는 것이 아니기 때문이다. 수행이 수련, 즉 기술 습득이라면 어떤 급수나 단수를 매길 수 있지만 수행은 단수나 급수를 매길 수 있는 것이 아니다. 다른 사람에게 평가의 잣대로 '수행이 되었다, 안 되었다'는 말을 쓰게 되면, 이것은 수행을 수련과 같은 뜻으로 사용하는 것이다.

지식을 배울 때는 가르치는 사람과 배우는 사람이 따로 있지만, 수행은 누가 누구를 가르치는 것이 아니다. 수행은 자기 관념에 사로잡혀 있는 것을 깨우치는 것이기 때문에 자기 생각에 맞지 않는다고 해서 지적하고 자기 생각대로 가르쳐서는 안 된다. 이렇게 자기 수행에 대해 좀더 깊이 돌이켜보고 '수행이란 무엇인가?'에 대한 자기 태도를 분명히 정리할 필요가 있다.

진정한 공동체를 이루는 길

우리가 대화를 나눌 때 누가 어떤 이야기를 하든 그것은 자기 생각이나 마음을 내놓는 것이므로, 그것이 '옳다 그르다'고 이야기할 필요는 없다. 다만 각자의 생각이 다르다는 것을 인정하고 관점이 다른 것을 어떻게 조절해 나갈 것인가? 하는 문제가 우리의 과제다.

이렇게 평등한 처지에서 시작할 때, 참된 토론이 이루어지고 민주주의의 초석이 된다. 그렇다 하더라도 잘못된 생각에 근거하여 상대방을 인정하고 받아들이는 수준으로는 해탈의 길로 가기 어렵다.

우리의 의식 밑바닥에 깔려 있는 '내 생각이 옳다'는 이 관념을 타파해야 한다. 그것을 그냥 붙들고 있다면 아무리 대단한 일을 하고 열심히 수행하는 사람들이 모여 있다 해도 그 집단은 역시 이 세상에 무수히 많은 이익집단의 하나에 불과하다.

서로 아껴준다고 해서 수행 집단일 수는 없다. 가정에서 부모자식간에 서로 아껴주지만, 가족 밖의 대상에 대해서는 어떤가? 적대적이고 배타적인 경우가 많다.

그런 것처럼 사회에 적응하지 못하고, 자기 뜻에 꼭 맞는 몇몇 사람을 모아 공동체를 만들었다고 하자. 이런 경우 그 공동체의 수명은 대부분 짧을 뿐더러 사회에 대해서도 폐쇄적이다. 거기에는 자기 뜻에 맞는 사람끼리만 무엇인가 해 보려는 데 근원적인 모순이 있다. 그렇다고 이 공동체가 잘못되었다는 것은 아니다. 자기 뜻에 맞는 사람들이 모인 집단이기 때문에 뜻이 맞지 않는 사람과는 함께할 수 없는 것이 이 공동체의 특징이다.

그런데 많은 사람들이 처음에는 뜻이 맞아 같이 산다 하더라도 살다보면 뜻에 맞는다는 기준과 요구가 점점 높아지게 되고 시간이 흐를수록 서로 맞지 않는 면을 더 많이 발견하게 되기 때문에, 대부분 헤어질 수밖에 없다.

반면 뜻이 맞는 사람하고만 살아야 한다는 생각을 내려놓으면 어떤가? 누구하고도 살 수 있다. 진정한 공동체는 그런 가운데 이루어질 수 있다.

수행의 잣대는 100% 자기에게

옳고 그름을 내려놓는 것이 수행이라 하지만, 일을 할 때에는 그런 속에서도 다시 옳고 그름을 따져야 한다. 일은 효율성이 중요하기 때문에 마음이 맞는 사람끼리 할 수밖에 없다. 물론 뜻이 맞지 않는 사람하고도 할 수 있지만 진행하다 보면 어려운 것이 사실이다. 비효율적인 면도 많고. 따라서 일 차원에서는 뜻이 맞는 사람끼리 해야 한다. 이때 '저 사람은 성격에 문제가 있어 같이 못 하겠다'는 말은 수행자답지 않은 말이다. '나는 저 친구하고 성격이 맞지 않아 같이 하는 것이 비효율적이다' '성격이 맞는 사람과 같이 일하는 것이 효율적이다' 이렇게 말하는 것이 문제를 바로 보는 것이다.

'저 사람은 수행이 안 되어 같이 일하지 못하겠다'고 말하는 것이야말로 비수행적인 말이다. 수행은 100% 자기를 돌아보는 자세에서 비롯된다.

이럴 때만이 '일체유심조(一切唯心造)'의 의미가 이해되고, '모든 것은 나로부터 나아가 나에게 돌아온다'는 의미가 현실 속에서 살아난다.

또 한편으로는 일과 수행이 반대되는 것처럼 이야기되니까 일과 수행을 따로 하려고 한다. 일을 하다 보면 잘잘못을 따져야 하니까 자기가 볼 때도 싫은 성질이 나온다. 이런 경우 수행하러 와서 지금 뭐하나 싶어지니까 아예 일을 안 해 버린다.

그래서 일은 하지 않고 산 속에 들어가 자기 혼자 가만히 앉아 있기도 한다. 가능하면 사람들과 가까이 하지 않으려고 하니까 따질 일도 비판할 일도 없어진다. 사람들과 가까이 하더라도 뜻에 맞는 사람에게만 다가가고, 그런 사람들의 지원 속에서 수행한다. 부처님 당시에도 그런 무리들은 있었다.

여기서 이 문제를 새롭게 제기하는 이유는 반대되는 것처럼 이해되고 있는 일과 수행에 대한 통일된 관점을 확고히 하고자 함이다. 아니 보다 정확히 말하면 일과 수행은 본래 분리될 수 없는 것임을 드러내고자 함이다.

하지만 이것은 참으로 어렵다. '이곳은 수행 집단이다' 이렇게 생각하고 들어왔는데 서로 비판하는 것을 보면 '무슨 수행 집단이 이럴까?' 하면서 나간다.

또 '이곳은 일하는 집단이다' 이렇게 생각하고 들어온 사람에게는 수행을 요구하니까, '아무리 봐도 일의 체계도 없고, 될 것 같지도 않다'고 판단하고 나갈 것이다. 사회 활동하겠다는 사람이 와서는 비효율적인 집단이라 비판하고, 수행하겠다는 사람이 와서는 갖가지 분별이 작용하는 집단이라고 비판한다.

잘못하면 좋지 않은 것만 모여 정말로 일이 안 될 수도 있고, 잘 되면 양자를 극복하기 때문에 잘 될 수도 있다. 그렇기 때문에 정말 우리가 무엇을 지향하는 집단인지 정확하게 알아야 한다.

자기 태도를 분명히 세워야

세상살이가 재미없고 피곤한데 법회에 와서 스님 법문 들어보니까 다른 사람을 위해 살고 있는 사람들은 다 멋있어 보이고 여기에 와서 일하면 편하고 재미있겠다 생각되어 절에 들어온 사람이 많이 있다. 그런데 사회에서보다 더 힘들다는 사람이 종종 있다.

큰 결심을 하고 들어왔는데 왜 이렇게 힘들까? '세상은 귀찮고 여기에 오면 무엇인가 편하지 않을까' 하는 생각으로 들어왔기 때문이다.

편하려고 정토회 회원이 되어서는 안 된다. 어쩌면 이곳은 세상보다 훨씬 더 불편한 곳이기도 하다. 다만 그 불편함 속에서 마음의 편안함을 추구해 나갈 수 있는 힘을 키워야 한다. 그런 자기 태도를 분명히 세워야 이곳에 있는 의미가 있다.

이곳에서 일하는 사람은 다른 사람한테 도움을 받겠다는 생각을 내려놓아야 한다. 다른 사람이 자기에게 도움 주는 것을 받기야 하겠지만, 자기가 받아야겠다는 생각은 내려놓아야 한다. 그렇지 않으면 불평 속에서 살 수밖에 없다.

다른 사람에게 도움을 주며 살겠다는 원을 세우고 그것을 실천하며 살아야 한다. 적어도 자기 삶의 태도를 그런 쪽으로 분명히 두어야 한다는 것이다. 그래서 이 원을 못 지키면 포살 시간에 참회하고, 자자 시간에 다른 사람의 애정 어린 비판을 받아, 그런 쪽으로 가고자 애써야 한다. 그 사람이 선한 사람이냐 악한 사람이냐는 그다지 중요하지 않다. 성향이 다른 사람을 이해하고 베푸는 습관이 안 된 사람은 수행을 해도 함께 지내기가 매우 어렵다. 그러면 이런 사람은 함께 살 수 없는가? 그것은 아니다.

우리는 그 사람이 우리 삶의 원칙에 동의하느냐 않느냐를 중요하게 생각한다.

물론 그 사람이 이런 삶의 원칙을 받아들였다고 하더라도, 그 동안 살아온 습이 남아 있기 때문에 하루아침에 쉽게 바뀌지는 않는다. 그것은 우리가 함께 껴안고 살아가야 한다. 그 사람이 하루에 화를 50번 내더라도 그것을 지적할 때마다 "예, 제가 잘못했네요" 하며 받아들인다면, 다시 돌아서서 화를 내더라도 껴안고 살아야 한다.

반면 "내가 지금 화 안 나게 됐어? 너도 내 처지가 돼 봐라, 화 안 내겠는가" 이렇게 하면 3년에 한 번 화를 냈다 하더라도, 그 사람은 이미 원칙을 부정한 것이다.

'수행하는 사람은 이런 사람이어야 한다'고 결론짓는 것은 비수행적인 생각이다. '수행자답다. 수행자답지 않다'는 말을 하는 것도 비수행적인 태도이다. 다른 사람이 화를 낼 때는 '화 날만 하겠구나' 이렇게 받아들이고, 내가 화가 날 때는 '나로부터 일어나는구나' 이렇게 받아들일 때 마음이 편안해진다. 이것이 수행이다.

그 반면 다른 사람이 화를 내는 모습을 보고 '아이고, 무슨 수행자가 성질이 저럴까?' 하고 생각하면, 겉으로 표현하지 않고 참아도 내 마음이 불편하다. 또 스스로 화를 냈으면 그것은 인정해야 한다. 온갖 이유로 자신을 합리화시키더라도 계속해서 불편함이 남는다. 이것은 수행이 아니다.

수행이란 삶의 원칙을 자기에게 적용하는 것이지 다른 사람에게 적용하는 것이 아니다. 다른 사람에게 '너 때문인데 왜 다른 사람 탓만 하냐' 이렇게 말해도 수행자의 자세는 아니다. 그럴 때는 '아, 저 사람 처지에서는 성질이 날 만도 하겠다' 이렇게 받아들일 수 있어야 한다. 그렇다고 이야기할 수 없다는 것은 아니다. 같이 수행하는 도반이므로 자자 시간에 그 문제에 대해 이야기해 줄 수 있다.

부처님 당시에도 상대방에 대한 지적은 평상시에는 못 하도록 되어 있지만, 안거가 끝나고 해제 때는 하고 싶은 이야기를 하도록 되어 있었다. 그 날은 듣는 사람도 비난으로 받아들이지 않았다.

다시 한번 강조하지만 다른 사람에게 '수행 좀 해라, 기도 좀 해라' 이런 말을 한다는 것은 수행하고 있지 않다는 뜻이다. 천일 기도를 하지 않으면 그냥 '천일 기도 같이 합시다' 예불을 하지 않으면 '예불 같이 합시다' 하면 된다. 어떤 문제를 보고 '수행 좀 해야겠다' '깨달음의 장에 갔다 와야겠다'고 하니까 오히려 수행에 대한 저항감이나 열등의식이 생긴다. 본인은 수행을 잘 하지 않는 사람이 자기 마음에 들지 않는 사람을 보면 '저 사람 수행 좀 시켜야 된다'고 수행을 강조한다.

누구나 처음 정토포교원에 들어오면 만배를 한다. 자신이 만배할 때는 '꼭 만배를 해야 될까. 수행의 척도가 만배에 있는 것은 아니잖는가' 하며 투덜거리면서 만배를 한다. 그리고 나서는 자신보다 후에 들어오는 사람에게는 '만배를 시켜야 한다'고 주장한다. 이것이 우리의 심리다.

수행은 자기에게 향한 것이지 다른 사람에게 요구하는 것이 아니다. 반대로 다른 사람이 '당신, 수행 좀 하시오'라고 했어도, 수행자라면 그것을 내 수행으로 받아들여야 한다. 그것은 그 사람의 견해니까.

'다른 사람에게 수행하라'는 말을 하지 말라고 하니까 이번에는 또 그런 말을 하는 사람을 보면 '스님, 저 사람은 하지 말라고 했는데 또 한데요'라고 말한다. 이것도 또 하나의 병폐다.

이렇게 수행은 다른 사람에게 요구하지 않는다는 원칙을 갖고 있다. 자기도 모르게 분별심을 낼 때, 누군가 옆에서 '그렇게 하지 않기로 했잖아' 하고 일러 주면 '아, 맞다' 이렇게 돌아가야 한다. 그러면 서로 화내고 짜증도 내지만 관계가 금방 좋아진다.

근본원리가 터득될 때, 안심입명의 길은 보인다

우리는 사람에 대해 두 가지로 평가한다. 여러 사람 말을 잘 들어주는 사람에게는 '원칙 없이 일을 처리한다'고 하고, 일을 딱 부러지게 정리하는 사람에게는 '분별심이 많다. 냉정하다. 수행자답지 않다'고 한다.

수행은 가르치고 배우는 것이 아니다. 다만 이치를 터득해서 '마음이 이렇게 작용하는구나'를 알아버리면, 기분이 좋을 때나 나쁠 때나 이 마음이 어떻게 작용하는지를 금방 알 수 있다.

자기 경험 속에서 만들어진 생각을 살펴봐서 경전의 내용과 틀리면, '내 생각에 사로잡히지 않았나?' 하며 돌아보아야 한다. 그래서 '아, 내 경험에 문제가 있었구나' 하고 깨달아 즉시 바꾸면 된다.

또 그렇게 아무리 점검해 봐도 경전에 왜 그렇게 적혀 있는지 알 수 없을 때는 선지식을 찾아가서 물어보면 된다. 그래야 내 경험이 잘못되었는지, 경전의 기록이 잘못되었는지를 알 수 있다. 경전이라고 해서 모두 부처님 말씀은 아니다.

후대에 내려오면서 부처님 이름을 차용해서 써놓은 경전이 많아 본래 부처님의 사상이 흐려질 수도 있기 때문에, 깨어 있지 않으면 잘못 볼 수 있다.

그래서 부처님께서는 '자등명(自燈明), 법등명(法燈明)'을 말씀하셨다. 우리는 밖의 대상과 경계에 대해서 살펴보고 평가하는 것에는 익숙하다. 이러한 자신을 안으로 살피는 것이 수행의 출발이다. 이렇게 자기 스스로 깨어 있는 것이 자등명이다. 그러나 주관에 빠질 수 있기 때문에 법에 의지해서 다시 살펴야 한다. 이것이 법등명이다.

이렇게 두 가지가 동시에 이루어져야 분명한 선에 도달하게 된다. 몇 번만 해 봐도 된다. 그러면 나중에는 하나하나 점검하지 않아도 분명해진다. 자기 느낌을 경전의 내용과 대비해 봐도 똑같고, 경전의 내용을 실천해 봐도 똑같을 때가 있다. 이렇게 되면 확신이 서는 것이다.

'모든 괴로움과 얽매임은 잘 살펴보면 다 내 마음이 일으킨다. 그러나 어리석은 사람들은 이 괴로움과 얽매임이 밖으로부터 오는 줄 착각하고 이 종교 저 종교, 이 절 저 절, 이 사람 저 사람을 찾아다니며 행복과 자유를 구하지만 끝내 얻지 못한다. 그것은 안심입명의 도는 밖으로 찾아서는 결코 얻을 수 없기 때문이다. 언제 어디에서 일어난 어떤 괴로움일지라도 안으로 살펴보면 그 모든 괴로움의 뿌리가 다 마음 가운데 있고 그 마음의 실체가 본래 공한 줄 알면 모든 괴로움은 저절로 사라진다.

그런데도 사람들은 자신이 일으킨 한 생각에 사로잡혀 옳다 그르다 모양짓고 그 모양에 집착해서 온갖 괴로움을 스스로 만든다. 한 생각 돌이켜서 이 사로잡힘에서 벗어나면 모든 괴로움과 얽매임은 즉시 사라진다.'

이것은 정토회 천일 기도 중에 나오는 수행문으로 수행의 원칙이라고 하겠다. 그 원칙을 갖고 기도문에 집중하면 틀림없이 자기 내부의 모순을 보게 된다.

그 모순을 보게 된다는 것은 갈등이 시작된다는 것이 아니라, 자기 스스로 모르고 있었던 문제의 뿌리를 보거나 당연하다고 여겼던 것을 근본적으로 돌아볼 수 있게 된다. 그래서 기도할 때 '기도문에 집중하라'고 하고 일상 생활을 할 때도 '기도문에 집중하라'고 하는 것이다.

기도문은 나보다 나은 선지식이 문제의 본질을 꿰뚫어서 좀더 심층 의식에 있는 모순을 보여 주는 것이다. 기도문을 달라는 사람에게 함부로 주지 않는 것은 그 문제에 대해 더 정확한 사람한테 듣는 것이 좋기 때문이다.

아침마다 수행문을 읽어야 하는 이유는 이와 같다. 아무 이유 없이 그렇게 하자는 것은 아니다. 명령이 아닌 이런 근본 원리를 터득해야 안심입명 할 수 있다. 그래야 어떤 유혹에도 흔들리지 않는 바위처럼 중심이 서고, 오뚝이처럼 왔다갔다 해도 늘 제자리로 돌아올 수 있다. 그런 정도는 되어야 인생을 확실히 살아갈 수 있다.

정토행자와 일

일의 개념이 바뀐다고?

일이란 무엇일까? 옛날 사람들은 직접적인 먹고 살기 위해서 하는 행위만 일이라고 생각했다. 그 먹고 살기 위해서 하는 행위를 1차 산업이라고 한다.

그런데 먹고 살기 위해서 하는 행위를 더 잘 하기 위해서는 무엇이 필요할까? 예를 들어 농사를 잘 짓기 위해서는 무엇이 필요하고, 집을 잘 짓기 위해서는 무엇이 필요하고, 옷을 잘 만들기 위해서는 무엇이 필요한가의 문제다. 괭이나 대패, 베틀 같은 것이 있으면 일을 잘 할 수 있다. 즉 일을 잘 하기 위해서는 도구가 필요하다는 것이다.

그래서 괭이 만드는 곳, 대패 만드는 곳, 베틀 만드는 곳이 생겼다. 자연스럽게 그 일에 종사하는 사람도 생겨 농업에 종사하는 사람과는 다른 하나의 무리가 형성되었다. 이처럼 도구를 만드는 행위를 2차 산업이라고 한다.

그래도 옛날 사람들은 직접적인 먹고 입고 잠자는 일에 종사하는 것만 생산이라 생각했지, 그밖의 것은 생산이라고 생각하지 않았다.

괭이는 밭을 잘 일구는 도구이지 그것 자체는 식량이 될 수 없고, 대패는 집을 잘 짓기 위한 도구일 뿐 그것 자체는 집이 될 수 없고, 베틀 또한 옷을 잘 짜기 위한 도구이지 그것 자체는 옷이 될 수 없기 때문이다.

하지만 이런 생각은 서서히 바뀌기 시작했다. 농기구를 얼마나 잘 만드냐에 따라 농업 생산량이 영향을 받게 되었기 때문이다. 농사짓는 일에 99명이 참여하고 농기구 만드는 일에 한 명이 참여했을 때와, 농기구 만드는 일에 50명이 참여하고 농사짓는 일에 50명이 참여했을 때의 생산량을 비교해 보니 후자가 훨씬 많다는 것을 확연히 알 수 있게 되었고, 이로부터 공업을 중시하는 풍조, 즉 산업혁명이 일어났다.

또 가내 수공업일 때와 달리 대량생산하게 되면서 새롭게 요구되는 부분도 생겼다. 첫째, 대량생산을 하자면 많은 돈이 필요했다. 그렇지 않으면 아무리 기술이 뛰어나더라도 소용이 없다. 그래서 금융 산업이 등장했다. 둘째, 만든 물건을 빠른 시일 내에 시장에 내다 팔아야 했다. 그러려면 운송이나 판매 같은 서비스 산업을 발전시킬 수밖에 없었다. 이런 행위를 통틀어 3차 산업이라고 한다.

예전에는 3차 산업에서 이윤을 얻는다는 것은 천한 일이었다. 나라를 망치는 일이었다. 그래서 이것을 통해 얻는 이윤을 금지시키거나 최소화시켰다.

쓰이는 것과 쓰는 것

그런데 오늘날은 어떤가? 미국만 살펴봐도 농업에 종사하는 사람은 전인구의 5%밖에 안 되고, 공업에 종사하는 사람도 전인구의 20%밖에 안 된다. 그 외 60~70%는 대부분 서비스업에 종사한다.

3차 산업이 잘 되는 것이 2차 산업을 발전시키는 것이고, 2차 산업이 발전할수록 1차 산업이 확대된다. 이러한 구조에 의해 인력 배치가 완전히 달라졌다.

더구나 복잡한 현대사회로 오면서는 또 새로운 문제가 등장한다. 각자 자기 이익에 따라 움직이다 보니 사람 사이의 갈등이 필연적으로 등장한 것이다.

그 갈등으로 몸과 마음에 병이 생겨 치료받을 필요가 생겼고 그 갈등을 해결하기 위한 법적 조치가 필요하기도 했다. 그래서 병이 생기면 의사를 찾고, 분쟁이 발생하면 변호사를 찾는다.

그렇다고 여기서 모든 갈등이 해소될까? 그렇지 않다. 법적인 문제는 해결될지 몰라도, 이 과정에서 생긴 마음의 병은 병원에서도 쉽게 치료하기 어렵다. 이 마음의 병을 홧병이나 울화병이라고 했고 요즘에는 스트레스라고 한다. 다른 사람을 치료해 주고 분쟁을 해결해 주는 과정에서, 의사나 변호사조차도 스트레스를 받는다.

그래서 요즘은 스트레스를 해소시켜 주는 산업이 엄청나게 발전하고 있다. 레저산업도 이를 위한 것이다. 또 육체적 스트레스를 풀기 위한 건강수련과 심리적 스트레스를 풀기 위한 각종 수련들이 하나의 산업이 되고 있다.

뼈빠지게 농사를 지어 봐야 별로 남는 것이 없는데, 이런 정신적 서비스를 하는 일은 적은 비용으로 최대의 효과를 얻는 산업이 되기도 하는 것이다. 아이들에게 공부를 가르쳐 주고 돈을 버는 것처럼 수행하는 방법을 가르쳐 주고 돈을 벌게 되었다.

우리는 다른 사람에게 무언가를 해 줄 때, 반드시 대가를 요구한다. 이것이 우리 사회의 구조이다. 노동을 팔든 지식을 팔든 자신을 필요로 하는 곳에 쓰이고 나서 대가를 얻는다. 그리고 그것으로 자기가 원하는 것을 얻은 다음 거기에 따른 대가를 지불한다.

그런데 우리는 가능한 한 일은 적게 하고 대가는 많이 받고 싶어한다. '누군가 방청소를 하고 이불을 깔아 주면 자겠다' '누군가 이불을 개어 주면 앉겠다' '누군가 밥을 지어 주면 먹겠다'는 생각은 쓰는 것은 좋고 쓰이는 것은 나쁘다는 인식에서 나온 것이다.

하지만 생산하지 않고 소비하는 것이 가능할까? 불가능한 일이다. 누구나 다 생산에 참여해야 한다. 많이 소비하는 것을 행복의 척도로 삼기 때문에 온갖 괴로움이 생긴다. 그래서 부처님께서는 소비를 줄이라고 하셨다. 소비를 최소로 줄이면 수입을 늘릴 이유가 없다.

'바둑만 두고도 먹고 사는 사람이 있다' '공만 차고도 먹고 사는 사람이 있다' '디스코 장에서 춤만 추고도 먹고 사는 사람이 있다' '스케이트만 타고도 먹고 사는 사람이 있다'

이런 방식으로 먹고 사는 것이 농사짓는 것보다 훨씬 더 잘 먹고 살 수 있기 때문에 사람들은 그런 일에 계속 도전한다. 하지만 이런 것들은 이 세상에 없어도 생활하는 데 아무런 불편을 주지 않는다. '이것은 좋다' '저것은 나쁘다'를 떠나 모든 사람이 다 그렇게 살아갈 수는 없다. 누군가 해 주는 밥을 먹고, 누군가 빨아 주는 옷을 입고, 누군가 지어 준 집에서 그저 밥만 먹고 염불만 해도 더 많은 수입을 얻을 수 있다. 하지만 이런 것은 하나의 특수 직업에 불과한 것이지 보편화할 수 있는 것은 아니다. 따라서 우리들의 삶이 이런 방향으로 나아가서는 안 된다. '그 스님 염불 잘 한다'는 소문만 나면 나 혼자라도 재만 지내 주고도 먹고 살 수 있다. 그 수입은 일할 사람을 50명씩 두고 하는 정토회의 어떤 수입보다 훨씬 많을 수 있다.

그런데 그것이 이 세상에 어떤 도움이 될까?

몸을 움직인다고 해서 다 일이라고 할 수는 없다. 그렇다면 우리가 말하는 일이란 어떤 것일까? 다른 사람의 기쁨을 높이고 나와 다른 사람의 괴로움을 없애는 데에 잘 쓰이는 것을 가리킨다.

노동의 해방

우리 사회에서는 모든 것이 돈으로 환산된다. 돈을 많이 벌 수만 있다면 어떤 행동도 용인된다. 그것으로 환경이 오염되어도 상관이 없다. 그것을 먹고 사람이 죽어도 상관하지 않는다. 그렇게 해서 돈이 얼마나 생기느냐에만 관심이 있다. 그야말로 돈이 주인되는 사회가 된 셈이다.

우리는 돈이 주인이 아닌 사람이 주인되는 사회, 생명이 주인되는 사회를 이루고자 한다. 돈을 쓰더라도 그것은 좀 더 편하게 생활하기 위한 수단으로 사용되어야 한다. 또한 인간관계의 효율성을 위한 방법 중의 하나로 대가를 지불하고 받는 것이지, 대가를 위하여 인간관계를 황폐하게 만들어서는 안 된다. 즉 대가를 주고받지 않는 상호 쓰이는 관계로 전환되어야 한다. 그것이 본래 인간의 모습이다.

돈이 주인된 이 사회에서 사람이 주인되는 사회, 생명이 주인되는 사회로의 전환은 불가능한 것 아니냐고 의문을 제기할 수도 있다.

그러나 정보통신이 발달하면서 화폐 사용은 낮아지고 있다. 카드사용이 일반화되면 화폐의 사용은 점점 줄어든다.

그렇게 되면 사람이 돈을 가지고 있어야 할 이유가 없어진다. 월급날 내가 '통장에 얼마가 입금되었다'는 것만 확인하면 되고, 물건을 구입할 때도 '통장에서 얼마가 인출되었다'는 것만 확인하면 된다. 이것이 카드의 화폐화다. 여기서 나아가 그 생각, '돈이 얼마 들어왔다, 돈이 얼마 나갔다'는 생각을 놓아 버리면 어떨까? 나를 필요로 하면 가서 일해 주고, 내가 필요한 것은 갖다 쓰면 된다.

이렇게 되려면 쓰는 것과 쓰이는 것 사이에 균형이 맞아야 하는데 지금은 안 된다. 왜냐 하면 쓰는 것만 좋아하고 쓰이는 것은 싫어하니 균형이 맞지 않기 때문이다. 그래서 돈을 주는 것을 미끼로 쓰이는 것을 강요한다. 그러다 보니 노동이 괴로운 것이 된다.

그런데 '나는 쓰이는 것이 좋다. 그것은 내가 살아 있다는 증거다. 그래서 나는 대가와 상관없이 쓰이겠다' 이렇게 가치관이 전환되면 화폐는 필요 없어진다. 쓰이는 것을 좋아하고 쓰는 것을 적게 하면 물자가 남아돈다. 남아돌면 그만큼 덜 생산하게 되니까 과소비가 있을 수 없다. 설령 화폐가 있다 하더라도 상관은 없다.

대가를 바라지 않는 것은 수행에서는 근원적인 문제다. 우리가 그렇게 되고 안 되고는 별개의 문제다. 괴로움이 없는 사회로 나아가고자 할 때, 우리의 일이란 앞에서 이야기한 수행과 근원적인 문제의식을 필요로 한다. 마찬가지로 똑같이 디스코 장에 가서 춤을 춰도, 돈을 주고 움직이면 쓴다는 생각에 즐겁다. 반면 돈을 받고 움직이면 어떤가? 쓰인다는 생각에 괴롭다.

상대방에게 쓰여지고 난 후 돈을 받아 나 역시 그것을 다시 쓴다. 이것이 노동 후에 갖게되는 여가다. 그런데 쓰이는 것 자체가 즐겁고, 그것이 나의 존재 가치임을 깨닫는다면 쓰이는 것이 바로 여가가 된다. 그러면 노동과 여가의 구분이 사라진다. 생산과 소비의 구분이 안 된다는 것이다. 그것이 완전한 '노동의 해방'이다.

물론 한 달 내내 일해도 배를 곯을 정도고 몸을 다쳐도 의료혜택을 받지 못해 불구가 된다면 노동의 주체가 되기는 힘들어진다. 이러한 사회구조는 극복되어야 한다. 하지만 노동의 해방은 몇 시간 일하느냐, 며칠 일하느냐, 월급을 얼마나 받느냐에 있는 것이 아니라 자신이 행위의 주체가 되느냐 아니냐에 있다.

누구나 노동으로부터 완전한 해방을 원하면서도 그것이 안 되는 이유는 기존의 관념이 '쓰이는 것은 나쁘다. 쓰는 것은 좋다'에 기반을 두고 있기 때문이다. 조금이라도 대가를 바라는 마음이 있으면 '여기 있으면 손해보는 것 같다. 일은 많고 잠자리도 불편하고 먹는 것도 신통치 않고 따르는 사람도 별로 없다. 스님은 신도들이 따르니 대리만족감이라도 있는데 나는 머리 기르고 있다 보니 대리만족할 만한 게 없다…'는 생각을 하고 정말 이렇게 살 것인지, 아니면 다르게 살 것인지를 고민한다. 이것은 아직 근본적인 관념에서 벗어나지 못해서다. 하지만 그 관념에서 벗어나 생각을 바꾸면 곧바로 행위의 주체가 될 수 있다.

개인 욕구가 강할수록 운동의 순수성은 사라진다

'정토회가 발전되면 월급도 충분히 주고, 일인당 방 하나씩 줄 것이다. 그때까지 참고 살자' 정토회는 이렇게 말하지 않는다.

그렇다면 우리의 생활 수준은 어디에 둘 것인가? 그것은 고정적으로 정할 수 없다. 전인류적인 차원의 문제로 보고

'우리의 생활 수준을 중간쯤으로 하자' 하면 현재 수준보다 내려갈 것이고, '대한민국에서 중간 수준으로 하자' 하면 현재 수준보다 조금 올라갈 것이다.

이 문제는 운동의 도덕성과 관련이 있다. 우리의 생활 수준을 대한민국 내에서 중간에 놓을 것인가, 가장 밑바닥에 놓을 것인가? 전지구에서 가장 밑바닥에 놓을 것인가? 중간에 놓을 것인가? 이 원칙만 정해지면 거기에 맞춰 우리 생활을 만들면 된다.

'우리의 생활 수준을 대한민국에서 가장 상류층으로 맞추자'고 해도 가능한 일이다. 모두 다 열심히 일하니까 만들려면 충분히 가능하지만 거기다 재화를 다 써버리면 어려운 사람을 돕는 일에 쓸 돈이 없어져 버린다.

'우리의 생활 수준을 대한민국에서 중간으로 맞추자'고 해도 가능하다. 열심히 일해서 반은 우리가 쓸 것이고 반은 어려운 사람을 돕는 일에 쓸 것이다.

'우리의 생활 수준을 대한민국에서 가장 밑바닥으로 맞추자'고 해도 가능하다. 그러면 더 많은 돈이 어려운 사람을 돕는 일에 쓰일 것이다.

문제는 우리가 무엇을 지향하느냐에 따라 달라진다. 현재 동참하고 있는 사람 중에 '우리만 잘 먹고 잘 살자'는 목적으로 들어온 사람은 없다. 무엇인가 다른 사람에게 도움이 되고자 이 일에 동참하고 있다.

따라서 우리의 생활 수준을 최소한 대한민국에서 중간 이하로 맞출 때 다른 사람에게 도움을 준다고 할 수 있다. 하지만 생활 수준을 중간 이상으로 맞추면 다른 사람에게 도움을 줄 수 없다.

현재 우리가 돈이 적기 때문에 다른 사람을 도와 줄 돈이 부족하다는 것은 이해가 된다. 앞으로 돈이 생기면 다른 사람에게 더 많은 도움을 줄 수 있으니까. 그러나 현재 우리가 돈이 없기 때문에 생활 수준을 줄이고 앞으로 돈이 생기면 생활 수준을 높인다면, 결국 현재 우리의 생활은 곤궁한 것이 된다. '방이 없어서 한 방에서 여러 명이 살고, 돈이 없어서 옷을 못 사 입고, 먹을 것을 제대로 못먹고 산다'고 하면, 이것은 우리 자신을 비참하게 만든다. 하지만 우리는 돈이 있든 없든 상관없이 이 정도의 생활 수준을 유지할 것이다. 앞으로 아무리 많은 돈이 들어온다고 해도 그것은 세상을 아름답게 가꾸는 데 쓸 돈이지 우리의 생활 수준을 높이는데 쓸 돈은 아니다.

현재 사무 공간이 너무 좁아 비효율적이므로 그 공간을 넓힌다는 것은 말이 되지만, 우리의 잠자리를 편안하게 하기 위해 공간을 넓힌다는 것은 맞지 않다. 이것을 지켜내면 우리의 도덕성은 그만큼 유지되는 것이고, 이것을 못 지켜내면 우리의 도덕성은 사라진다.

도덕성이 사라지면 사람들로부터 보시금도 받을 수 없다. 사람들이 우리에게 보시하는 이유는 우리 마음대로 쓰라는 것이 아니라 좀더 필요한 곳에 효율적으로 쓰라고 주는 것이다.

그런 보시금으로 우리의 생활 수준을 높이는 데 쓴다면 어떨까? 금방은 종전과 같은 수입이 계속될 것이다. 그것은 과거에 우리가 순수하게 살았던 모습이 사람들에게 인식되어 있기 때문이다. 그러나 그 사실이 알려지면 차츰 수입이 줄어든다. 이것이 바로 인연의 원리이다.

주체적 참여가 자기 실현의 지름길이다

정토회에서는 일하지 않고 수행만 하겠다는 사람은 있을
수 없다. 물론 사람들 중에는 일만 하겠다는 사람도 있고
수행만 하겠다는 사람도 있다. 이 사람들은 후원자는 될
수 있지만 회원은 될 수 없다. 이런 사람들도 정토회 옆
에서 수행이든, 일이든 거들어 줄 수는 있다.

그러나 정토회에서 궁극적으로 지향하는 것은 일을 하는
것이다. 일을 하다가 분별심이 생기면 그것을 자기에게 돌
려 마음을 편안히 해야 한다. 일에 주체적으로 참여함으로
써 자기를 실현하는 것으로 보람을 느껴야 된다. 수행을
해서 다른 사람을 괴롭히지 않을 수도 있고, 일을 함으로
써 다른 사람을 이롭게 할 수도 있다.

일을 효과적으로 하기 위한 기술을 익히거나 노동과 직접
상관없는 수련을 할 때도 있다. 그것은 일을 더 잘 하기
위해 하는 것이므로 그 자체도 일이다.

그런 입장에서는 아침에 예불을 하거나, 참선을 몇 달 할
수도 있다. 농사를 잘 짓기 위해 낫을 만드는 일이 필요
한 것처럼 기도, 염불, 참선, 독경을 잘하는 것도 우리의

삶에서는 요구되고 있다. 이런 각종 요구들은 생활 속에서 조절되어야 한다. 일에도 필요하고 재정 여유도 있고 시간도 된다면 당연히 해야 하나 그렇지 않으면 기다려야 한다. 조건에 맞는 순위를 정해 놓고 조절해야 한다.

어떤 특정한 일만 하겠다고 주장하거나, 자기 욕구를 관철시키기 위해서만 하는 일은 더 이상 수행이 아니다. 그러나 그런 사람도 사업적인 측면에서는 쓸 수 있다. 일은 하지 않고 염불만 하겠다는 사람도 도움이 되고, 예불 드리지 않고 회의에 참석하지 않아도 밭에서 일만 하는 사람도 도움이 된다. 그러나 그런 사람이 정토회의 주체적인 일원은 될 수 없다.

이런 이치를 확연히 깨달으면 일을 하는 행위 자체가 자기 실현이기에 '몇 시까지 일을 해라' '몇 시까지 쉬어라' '일요일은 쉬어라, 쉬지 말아라'고 할 필요가 없다. 일 자체가 여가 선용이므로 토요일까지 일하고 일요일은 쉬면서 개인적으로 하고 싶은 것을 하라는 등의 말이 생길 수 없다.

변명하고 싶을 때, 자신을 돌아볼 줄 아는 지혜

전체를 위해 영어를 배우는 것은 개인적 욕구가 아니다. 몸이 좋지 않아서 일요일에 두 시간쯤 등산하는 것은 개인적 욕구가 아니다. 그것을 개인 욕구라고 몰아쳐서도 안 되고, 본인도 그것 때문에 죄의식을 가져서도 안 된다. 단지 거기에는 전체의 동의가 있어야 한다. 이것은 전체의 이익을 위하는 것이기 때문에 이야기하지 못할 이유가 없다. 또 전체 회의에서 거절되면 없었던 것으로 하면 된다. 한번 없었던 것으로 했다고 해서 다시 안건으로 제시하지 못할 이유도 없다. 생각해 보고 필요하면 다시 안건으로 제시할 수 있다. 그런데 우리는 이것이 잘 안 된다.

몸이 아팠을 때 '한나절 쉬면 나을 것 같다'는 생각이 들면 쉬어야 한다. 이럴 때는 오히려 누워 쉬는 것이 전체를 위해 도움이 된다. 이럴 때는 남이 뭐라고 해도 신경 쓸 필요가 없다.

그런데 꾀병으로 앓아 누워 있으면 어떤가? 다른 사람에게 말을 하기도 어렵고, 다른 사람은 다 일하러 가는데 혼자 누워 있으면 마음이 편치 않다. 자격지심이 생기니까

'나, 꾀병 아니야' 하고 자꾸 말하고 싶어진다. 이럴 때 자기를 빨리 볼 수 있어야 한다.

이제 여러분은 한 사람 한 사람 다 주체가 되어야 한다. 일하면서 다른 사람 눈치 안 보고, 문제가 있으면 당당하게 제기하고, 나는 옳다고 생각되더라도 다른 사람이 아니라고 하면 깨끗하게 철회할 수도 있어야 하고, 내가 보기에 아직도 옳다고 판단되면 다른 사람이 다 틀렸다고 해도 다음 회의 때 용기있게 제안도 해야 한다. 그것은 고집과는 다르다.

그런데 우리는 늘 두 가지 모순에 빠져 있다. 중구난방이 되더라도 자기 주장대로 하는 것을 자유라고 생각하거나, 그렇지 않으면 그저 시키는 대로 고개 푹 숙이고 하는 것을 수행이라고 생각한다. 이래서는 안 된다. 주장하는 것도 수행이 될 수 있고, 고개 숙이는 것도 수행이 될 수 있다. 수행은 정해져 있는 것이 아니다.

일의 주체가 확립되면 아무런 분별이 생기지 않는다. 그러나 그렇게 되는 과정에서는 분별이 생긴다. 화도 나고 짜증도 나고 싫은 마음도 들고 기분이 나쁘기도 하다. 그럴 때 그것이 자기로부터 오는 줄 알면 금방 사라져 버린다.

이것이 자기 살피기다.

깨어 있지 못해도 원칙만 지키면 문제가 안 된다. 아침에 기도할 때 자기 점검을 할 수 있는 기회가 있고, 그것도 안 되면 한 달에 한 번 포살 시간에 자기 점검을 할 수 있는 기회가 있고, 그것도 안 되면 석 달만에 하는 자자 시간을 통해 다른 도반의 점검을 받을 수 있다. 그래서 도반과 함께 사는 것이다.

소비는 자연이 정화시킬 수 있는 범위 안에서

그러면 우리가 해야 할 일은 무엇일까? 수행의 원칙을 지켜나가면 어떤 경우에도 자기는 괴롭지 않을 수 있다. 그러나 수행이 부족한 상태에서는 주위 여건에 따라 마음이 흔들리는 정도가 심해진다. 주위 여건이 좋으면 내가 중생심을 갖고 있어도 덜 괴롭다. 하지만 내가 수행의 원칙을 확실히 지키면 주위 여건은 아무런 상관이 없다. 즉 자기 수행만 잘 하면 괴로움이 없는 세상은 될 수 있다.

하지만 모든 사람이 이 수행의 원칙을 적용하면서 살기

위해서는 함께 풀어야 할 과제가 몇 가지가 있다. 그것은 무엇일까?

첫째는 환경문제다. 내가 아무리 마음을 잘 닦고 이 사회가 서로를 존중하는 평등한 곳이라 해도 공기가 나쁘거나 마실 물이 없으면 다 죽는다. 그러므로 환경문제는 우리의 생존과 관계된다.

맑고 깨끗한 공기를 마시려면, 소비를 적게 해야 한다. 또 소비가 줄면 그에 맞춰 생산이 줄어들 것이다. 전기를 쓰지 말자는 것이 아니라 최소로 쓰자는 것이다. 먹지 말라는 것이 아니라 최소로 먹자는 것이다.

자연이 정화시킬 수 있는 범위 안에서 쓰면 환경문제는 근본적으로 해결될 수 있다. 그렇지 않고 지금처럼 소비를 끝없이 추구하다가는 필연적으로 자원 고갈에 직면하게 될 것이고, 결국 파멸로 갈 수밖에 없다. 파멸로 가지 않으려면 우리의 소비 수준을 적정 선에서 멈추거나 줄여야 한다. 이것은 가치관의 전환이 동반될 때 가능하다.

지금은 비록 못 먹어도 혁명에 성공하여 권력을 잡으면 잘 먹고 잘 살 수 있다는 생각으로 운동을 한다면 지금 이 생활이 비참해진다. 하지만 '현재 우리의 생활 수준은 이 정도면 적정하다'고 생각하고 살면 그것이 성취되든 안 되든 상관이 없게 된다.

그래서 환경운동이 수행과 겹치게 되면 환경이 보존될 수 있는 생활을 하면서도 누가 환경운동에 돈을 대주든 안 대주든 사람이 따르든 안 따르든 괴로울 일이 없다. 많이 쓰는 사람이 괴롭고 적게 쓰는 사람이 즐거우면, 적게 쓰는 쪽으로 따라오게 되어 있다. 이것은 엄격한 의미에서 혁명이라고 할 수 있다. 이렇게 환경문제는 지구적인 차원에서 거론되어야 한다.

기아, 질병, 문맹이 없는 세상 만들기

둘째는 제 3세계 빈곤문제로 여기에는 기아, 질병, 문맹 문제가 포괄된다. 우리만 인간이고 그 외는 인간이 아니라고 하는 아집과 아상을 갖고 보면 이 문제는 별 문제가 아니라고 생각할 수 있다. 그러나 인류적인 차원에서 볼 때는 이 사람들이 굶주리지 않고 병에 걸리지 않고 문자라도 터득하는 것은 중요한 일이다.

지금 우리는 대학 못 가서 괴롭고 취직 못 해서 괴롭고

아들 대학에 못 보내 힘들지만 전지구적 차원에서 볼 때 우리는 혜택자에 속한다. 에너지를 쓸 때도 이 점을 살펴야 한다. 우리보다 더 많이 소비하는 사람과 비교하여 쓸 것이 아니라 반드시 써야 할 것도 못 쓰는 사람에게 돌려줄 수 있도록 해야 한다.

자신이 그렇게 살 수 있고 없는 것을 떠나 이 문제는 그렇게 해야 해결된다는 것은 누구나 조금만 넓게 살펴봐도 다 알 수 있다.

차별이 아닌 함께 하는 삶

셋째는 평화문제다. 세계는 지금 인종, 민족, 성, 빈부, 신분, 종교적 차별에 직면해 있다. 수많은 사람이 갖가지 차별받는 처지에서는 보이지 않는 힘에 의해 억압받고 있다. 이것이 개선되는 쪽으로 노력해야 한다.

한반도 내에서만 산다면 인종차별 문제는 내 문제가 아닌 듯하나 우리가 백인 사회에 가면 인종 차별을 받는다는 것이 어떤 것인지 뼈저리게 경험할 수 있다. 우리 나라에서는 같은 민족끼리만 사니까 민족 차별을 받지 않지만 중국에만 가도 갖가지 민족 차별을 받게 된다.

여자들은 일상에서 성차별을 받는다. 우리 절만 봐도 쉽게 알 수 있다. 똑같이 법사 수계를 받았어도 여자 법사가 와서 법문 하면 어떤가? 오히려 같은 여자 신도가 신통치 않게 생각한다. 이 차별을 해결하겠다고 하면서도 아들을 낳으면 좋아하고 딸을 낳으면 덜 좋아한다.

노동자들도 마찬가지다. 노동자의 권리를 주장하지만 초등학교도 졸업하지 않은 노동자 출신의 사람이 국회의원 하겠다고 하면 싫어하는 사람이 노동자들 중에 많다.

문화 역시 우리 문화나 옷은 뭔가 촌스럽고 모자라는 듯해 보인다. 이런 차별은 서구사회에서 살아 보면 더욱 분명하게 느낀다. 그러나 우리가 인도나 아프리카에 가면 어떤가? 그곳 사람들보다 우리가 우월하다고 생각되므로 전혀 차별을 느끼지 못한다.

이러한 것들이 현재 지구상에서 일어나고 있는 수많은 갈등의 요인이다. 그래서 내전, 민족 전쟁, 인종 전쟁, 종교 전쟁 등이 일어난다. 우리가 정의를 지향한다면 차별이 개선되는 쪽으로 우리의 활동이 이루어져가야 한다.

통일과 수행

넷째는 민족 통일문제다. 민족이 분단되어 있기 때문에 엄청난 돈이 군비로 허비되고, 젊은이들은 군대에서 많은 시간을 보내야 하고, 지식인들은 여러 가지 사상적 제한을 받는다. 분단되지 않았더라면 현재 북한 동포들은 굶어 죽지 않는다. 외국에서 지원을 받든 무슨 수를 써서라도 해결을 할 것이다. 아프리카 사람이나 인도 사람을 도와 줄 때는 지금처럼 안타깝지는 않았다. 그냥 도와 주면 되니까. 그러나 북한은 도와 주고 싶어도 못 도와 주므로 더욱 안타깝다.

다섯째는 개인문제다. 이런 사회적 갈등이 해소되었어도 살기가 싫은 사람이 있다. 모든 것이 다 갖추어졌어도 살 의욕이 없는 것은 일반 사회적 기제로는 해결될 수 없다. 그것은 수행을 통해 해결해야 한다.

행복한 인생, 평화로운 사회, 아름다운 자연 만들기

개인은 마음 관리를 잘 해서 그 마음을 언제나 괴로움과 번뇌 없이 맑고 가볍게 가져야 한다. 사람들은 서로 대립하여 경쟁하지 않고 '네가 있으므로 내가 있다'는 연기법을 깨달아 중생의 은혜를 생각하고 언제나 서로 돕고 사는 평화로운 사회여야 한다. 자연을 정복의 대상으로 여기지 않고 자연이 우리 삶의 토대이며 생명의 근원임을 알아 사람과 자연이 조화와 균형을 이루도록 해야 한다. 행복한 인생, 평화로운 사회, 아름다운 자연이 함께 이루어질 때 우리가 지향하는 이상사회, 즉 정토를 이룰 수 있다.

이런 사회를 지향해 가는 데 수행법이 따로 있고, 사회개혁 운동이 따로 있고, 환경운동이 따로 있고, 개인윤리, 사회윤리, 환경윤리가 각각 따로 있지 않다. 가치관의 전환만 일어나면 개인도 편안하고, 상대를 해치려는 생각을 버리기 때문에 사람과 사람 관계가 경쟁 관계가 아닌 벗의 관계가 되고, 자연을 파괴하는 것이 아닌 자연과 조화를 이루는 삶이 된다. 연기적 세계관에서 보면 이런 세계는 다 실현 가능하다.

그렇다고 모든 일을 한꺼번에 다 하자는 것은 아니다. 일은 인연 닿는 대로 할 수 있는 만큼 한다. 개인의 입장에서는 수행이 가장 큰 문제이므로 수행을 기반으로 하고 있다. 그리고 전지구적으로 볼 때 가장 큰 문제가 환경문제이므로 환경운동을 시작했고, 인연이 되어 제 3세계 빈곤구제 운동을 시작했다. 요즘은 북한 동포들이 굶어 죽고 있기에 북한 돕기를 시작하고 있다.

새로운 문명을 중심에 놓고 바라본다면 유럽이나 미국에 가서 정신문명을 전파하는 일은 매우 중요하다. 그러나 그것은 서서히 개척해도 되는 문제인 데 반해 북한 문제는 응급치료를 해야 하는 문제다. 굶주리는 북한 동포를 돕는 일이 인류 문명사회에서 중요한 비중을 차지한다는 생각하지 않지만, 응급치료가 필요한 일이기 때문에 당분간 집중할 수밖에 없다.

그것은 좋은 일을 하고 싶고 수행을 하고 싶어도 가족 중에 한 사람이 교통사고를 당하면 일단 병원부터 데리고 가야 하는 것처럼, 먼저 해야 할 일과 나중에 해야 할 일이 있는 까닭이다.

이것이 기본적인 일의 방향이다. 앞으로 일은 얼마든지 새로운 것이 개척될 수도 있고, 현재 하고 있는 일이 엄청나게 커질 수도 있다. 그것은 우리의 역량이 늘어나는 만큼 확대되어 나갈 것이다. 지금 우리가 하고 있는 일은 많은 것이 아니다. 앞으로 점점 확대되면 수많은 사회 문제들이 각각의 부서로 들어오고, 그 활동도 활발하게 전개될 것이다.

이런 것들이 우리가 죽을 때까지 하면 될 지 다음 세대까지 해야 할 지는 모른다. 다만 이런 방향으로 우리 세대에는 최소한 30년을 잡고 어느 정도 해 보겠다는 계획이 잡혔다.

우리는 이런 큰 틀 속에서 일을 하고 있다. 다른 사람 보기에 어떻든 이런 포부를 지니고 일을 하면 그것은 누구에게나 좋은 일이다.

새로운 문명, 새로운 인간

자기 실현의 길

누가 봉사자인가?

여기 모인 사람들은 무엇인가 다른 사람에게 도움이 될 일을 해 보겠다고 마음 먹은 자원봉사자들이다. 그런데 봉사자란 과연 어떤 사람일까? 우리가 살아가는 데 필요한 일에 쓰여지는 사람은 누구나 봉사자다.

그렇다면 이 세상을 살아가는 사람 중에 쓰여지지 않는 사람이 있을까? 내가 살아가는 데 필요로 하는 모든 것은 또 다른 누군가 해 주고 있다.

오늘 아침에 먹은 밥도 누군가 지어 줬고 그 밥을 짓기 위해 필요한 솥도 누군가 만들어 줬고 쌀과 야채도 누군가 농사를 지어 줬다. 이렇게 우리는 누군가 만들어 준

음식을 먹고 누군가 만들어 준 옷을 입고 누군가 지어 준 집에 살며 누군가 만들어 준 이불을 덮고 누군가 만들어 준 자동차를 타고 다닌다.

나 역시 다른 사람이 생존하는 데 필요로 하는 일을 하고 있다. 이처럼 누군가 살아가는 데 필요한 일을 하고, 필요한 곳에 쓰여지는 사람이 봉사자다. 그러므로 세상에는 봉사자 아닌 사람이 없다.

그러니까 무엇인가 비장한 결심과 각오가 서야 봉사자로 살아갈 수 있는 것이 아니라 사실은 우리의 존재 자체가 이미 봉사자의 삶인 것이다. 태어나고 산다는 것 자체가 봉사자로서 존재하도록 되어 있다. 따라서 봉사자로서 살아간다는 것은 나의 참 모습, 본래의 모습을 회복하는 것을 의미한다.

존재의 생명은 쓰임새에 있다

'이것은 호미다' '이것은 빗자루다' '이것은 걸레다' 할 때 호미와 빗자루, 걸레의 존재의미는 어디에 있을까? 밭에서 풀을 맬 때 호미고 먼지를 쓸 때 빗자루고 마루바닥의 때를 닦을 때 걸레다.

여기서는 빗자루의 쓰임에 대해 구체적으로 밝혀보자. 어떻게 생겼다는 그 생김새가 빗자루일까? 먼지를 쓰는 것이 빗자루다. 먼지를 잘 쓸기 위해 현재 빗자루 모양이 생겨났을 뿐이다.

그런데 빗자루는 시대마다 나라마다 지역마다 모양이 모두 다르다. 우리는 현재의 빗자루 모양이 먼지를 잘 쓴다고 생각하는데 다른 곳에서는 우리와는 전혀 다른 모양의 도구로 먼지를 쓰는 사람들도 있다.

다만 이런 모양으로 빗자루를 쓰다보니 '이것이 빗자루다'라는 모양과 형식이 만들어진 것이다. 그런데 먼지를 쓸지 않는 다른 용도로 쓰여도, 예를 들어 장식품으로 만들어 벽에 걸려 있는데도 빗자루라고 부른다. 그때는 빗자루가 아니고 장식품이다.

모양은 언제든지 바뀔 수 있다. 존재의 생명은 용도에 있다. 먼지를 쓰는 용도가 있을 때 빗자루며 때를 닦는 용도가 있을 때 걸레다. 빗자루나 걸레처럼 생겼다 하더라도 먼지를 쓸지 못하고 때를 닦지 못한다면 그것은 빗자루도 아니고, 걸레도 아니다. 그때는 빗자루와 걸레의 존재의미가 없어진다.

모양과 용도에 따라 이름하여 존재를 이룬다. 이것을 명색(名色)이라 한다. '걸레'할 때도 용도인 명(名)과 그 생긴 모양인 색(色)이 결합했을 때 하나의 존재가 된다. 그런데 그 용도가 쓸모없을 때, 즉 명이 사라져 버렸을 때 색만 가지고는 하나의 존재가 될 수 없다. 그때는 이미 존재가 사라진 것이다.

'아내'라고 할 때도 어떤가? 남자를 보고 아내라고 하지 않는다. 그렇다고 모든 여자가 다 아내일까? 아니다. 남편과 관계를 맺어야 아내가 된다.

한 남자와 여자가 결합해서 '아내'라는 이름으로 불리는데 그 역할을 안 해 버리면 어떨까? 아내라는 이름만 가지고 있지 실제로 아내는 아니다. 진정으로 남편의 필요에 의해 쓰이는 존재가 아내다.

부모는 자식의 필요에 의해 쓰이는 존재고 선생은 학생들의 배움과 그 요구에 쓰이는 존재다. 빗자루는 먼지를 쓰는 데 쓰이는 존재며 호미는 밭에 난 풀을 매는 데 쓰이는 존재다. 호미가 풀을 매는 데 쓰일 수 없다면 호미가 아니라 단순한 고철더미다.

그렇다면 잘 사는 삶, 좋은 삶은 어떤 삶일까? 아내로서 좋은 삶은 남편에게 잘 쓰이는 것이고 선생으로서 좋은 삶은 학생들에게 잘 쓰이는 것이다. 내가 많은 사람이 필요로 하는 존재가 되어 있다는 것은 내 존재 가치가 높다는 얘기와 같다. 그것이 바로 내가 잘 사는 길이다.

쓰이기를 거부한다는 것은 무엇을 뜻할까? 죽음을 말한다. 빗자루가 방바닥을 쓰는데 쓰여지지 않으면 그것은 형상은 있지만 빗자루로서 이미 죽었다라고 말할 수 있다.

결혼했는데 남편의 필요에 부응하지 않으면 아내의 존재 기능은 없는 것이다. 형상에 집착하기 때문에 호적상 아내라는 이름이 붙어 있고 사람들의 관념 속에 그냥 아내라고 붙어 있지 실제는 아내가 아니다. 마치 빗자루가 이름만 남아 있고 벽걸이로 쓰이거나 호미가 이름만 남아 있고 고철더미로 있는 것과 같다.

이렇게 존재의 의미는 색보다 명이 더 중요하다. 그러나 우리는 항상 색에 집착하기 때문에 명이 사라졌는데도 그 색을 가지고 판단한다.

상대의 필요에 내가 쓰인다

잘 산다는 것은 결국 잘 쓰인다는 말이다. 그러면 어떻게
하면 잘 살고, 잘 쓰일까? 필요로 하는 데 쓰이는 게 잘
쓰이는 것이다.

그러면 그 필요는 내 필요일까, 상대의 필요일까? 당연히
상대의 필요다. 상대의 필요에 의해 내가 쓰이는 것이다.
아이가 입고 싶어하기 때문에 옷을 구입해 주는 것이 아
니라 내 보기에 좋아 사서 입히는 것은 내 필요에 의해
아이를 쓰는 것이다. 그것은 아이를 내 눈요기에 맞게끔
내가 쓰는 것이지 내가 아이에게 쓰이는 것은 아니다.

상대의 필요에 따라 쓰이는 것이니 내가 어떻게 쓰여야
할까는 상대한테 물어봐야 된다. 그런데 쓸데없이 자기가
어디에 쓰일까를 고민한다. 잘 쓰이는 방법은 상대의 필요
에 의해 쓰이는 것이니까 상대가 필요하다고 할 때 쓰이
면 된다.

상대가 필요로 하는 데 잘 쓰이려면 내 요구를 놓아야 한
다. 그래야 언제든지 '예' 하고 달려갈 수 있다. 즉 필요에
의해 가장 잘 쓰이기 위한 나의 준비된 태도는 '예' 하고

하는 것이다. 이것이 행자교육에 들어오면 제일 먼저 주어지는 기도문이다.

그런데 쓰이기를 거부하면서 억지로 하면 괴로움이 생긴다. 기꺼이 해야 된다. 그래서 '방긋 웃으며 예 하고 합니다'의 기도문이 주어지는 것이다.

강의를 할 때 보면 연단에 물을 갖다 놓는다. 그런데 내가 강의가 끝날 때까지 물을 마시지 않는 때가 많다. 그때 물이 '내 존재 가치를 당신이 무시했다. 쓰이려고 여기까지 왔는데 왜 안 써주냐' 이러면 내가 귀찮다. 강의하는데 물이 자꾸 써달라고 칭칭대면 다음부터는 아예 너 같은 존재는 필요없으니까 가져 오지 말라고 하게 된다.

또 한 시간 강의하는데 물을 얼마쯤 마실까? 한 시간 강의하는데 물을 몇 번 마셔야 한다고 단정해도 안 된다. 열 번을 마실 수도 있고, 한 번도 마시지 않을 수도 있고, 마시려다 도로 내려놓을 수도 있다. 그럴 때도 말이 필요하지 않다. 상대에게 맡길 뿐이다. 이것이 잘 사는 길이다.

그런데 쓰는 사람이 필요하다는 데도 거부할 경우도 많고, 필요없다는 데도 자꾸 쓰라고 내미는 때도 많다. 나를 열 번 써도 좋고 너무 많이 쓴다는 생각이 없고, 한 번도 쓰지 않아도 내 존재가치가 없는 것이 아닌가 하는 생각이 없어야 한다. 하루종일 일을 해도 필요한 데 쓰이니까 즐겁고, 하루종일 가만히 앉아 있어도 아무렇지도 않아야 한다.

잘 쓰이는 것이 잘 사는 길이고, 잘 쓰이는 길은 상대의 필요에 의해 쓰이는 것이다. 그런데 그가 써줘서 내가 잘 쓰였으니 내가 그에게 고맙다고 해야 된다. 써준다는 것은 살게 만들어 주는 것이고 따라서 나를 써준 사람이 내 생명의 은인이기 때문이다. 내가 너한테 이만큼 쓰여 줬으니까 나한테 인사해야 되지 않느냐, 무엇인가 대가가 있어야 하지 않느냐 하는 사고방식은 쓰이는 것보다 쓰는 삶이 더 좋다는 가치관에서 나오는 생각이다. 존재의 근원을 파악하면 상대가 나를 알아주지 않고 대가가 없어도 섭섭한 마음이 없어진다.

이런 이치를 모르고, 많이 쓰는 것이 좋은 줄 착각하고 있으면 중생이고, 그 이치를 알고 받아들여 살면 보살이다. 진정한 보살행이 되려면 이 이치를 깨달아야 한다. 보살행 흉내만 내고 깨닫지 못하기 때문에 보살행과 깨달음이 별개인 것처럼 생각한다. 그런데 우리 사회에는 아직도 이런 이분법이 만연해 있다.

그래서 수행을 해서 깨닫기는 깨달았는데 사회적 보살행을 못 하기 때문에 봉사를 해야 한다는 사람이 있는가 하면, 사회적 보살행을 하는데 깨닫지 못한 사람이 있다고 생각한다.

그런데 보살행을 하는데 깨닫지 못했다는 것은 보살의 흉내만 낸 것이고, 깨닫기는 깨달았는데 보살행을 하려면 아직도 시간이 많이 걸려야 한다는 것은 깨달았다는 알음알이지 실제 깨달은 것은 아니다. 이치를 깨달으면 행위가 저절로 나오는 것이지 깨달은 후에 얼마 더 노력해서 행위가 따로 나오는 것이 아니다. 손톱만큼 깨달으면 손톱만큼의 행위가 나오고 손만큼 깨달으면 손만큼의 행위가 그냥 나오는 것이다.

잠을 자는 사람이 아무리 잠꼬대를 하면서 나는 깨달았다고 큰소리를 쳐도 깨어있는 사람이 볼 때 그것은 잠꼬대다. 그런데 꿈꾸는 사람은 그것이 잠꼬댄지 아닌지 알 수 없으니까 헷갈린다.

이렇게 존재의 실상에서 보면 세상 사람은 누구나 봉사를 하고 있는데 왜 그들에게 수행이 필요하다고 말하는가? 봉사가 곧 수행인데 수행이 왜 따로 필요하다고 말하는가?

실제로는 봉사 따로 수행 따로 있는 것은 아니지만 대부분 사람은 봉사자의 흉내만 냈지 근원적인 사상과 행위가 일치되어 있지 않기 때문이다. 이렇게 하면 다른 사람에게 칭찬받고 이렇게 하면 무엇인가 복이 된다는 생각으로 하기 때문에, 즉 희생한다고 생각하고 있기 때문에 그들에게 수행이 필요하다는 말을 한다. 보살행은 열심히 하는데 참선 수행과 염불 수행이 필요하다는 것이 아니다. 몸만 보살의 흉내를 내고 속마음은 세속적 가치에 물들어 있으니 언젠가 결과가 만족스럽지 않다고 생각되면 봉사자의 길을 그만 둘 수밖에 없다.

또 대가가 주어지지 않으면 엄청난 후회를 하게 되고 손해 봤다는 생각과 희생했다는 생각에 고통스러워진다. 고통스럽다는 것은 수행이 아니다.

반대로 깨달아서 아무런 번뇌도 없는 사람이 있는데 그가 세상 사람의 필요에 쓰이지 않는다면 어떨까? 나무와 풀, 플랑크톤도 다른 사람의 필요에 의해 쓰인다. 그런데 그가 세상 사람이 생산한 것을 쓰기만 하고 쓰이기를 거부한다면 그는 깨달았다는 말만 했지 존재의 본질에서는 벗어난 것이다.

자기 존재를 회복하는 길

깨달음은 곧 자기의 본성을 회복하는 것이며 쓰임새 있는 삶으로 전환하는 것이다. 온갖 못 된 짓을 하고 다니고 세상 사람들의 손가락질 받고 있다가 '깨달음의 장'이라든지 수련 프로그램에 참석하거나 법문듣는 것으로 이치를 깨닫고 나면 여태까지 사람 해치는 데만 쓰이다가 갑자기 밥짓는 데 쓰이기도 하고 좋은 일에 쓰이기도 한다.

영화 '시티 오브 조이'를 보면 부잣집 아들로 태어난 주인공은 공부도 잘 해 어른이 되어 의사가 되었다. 뉴욕에서 꽤 돈을 많이 버는 의사였지만 자기 존재의 가치를 못 느껴 방황하던 그는 마약을 피우고 그러다가 의사의 길을 그만두고 인도에 가서 히피처럼 유랑한다.

그런데 그곳에서 아이를 낳다가 사경을 헤매는 가난한 여인을 만나게 된다. 그녀의 살려 달라는 애원에 처음에는 거부하던 그가 마침내 의술을 베푼다. 돈을 엄청나게 벌 수 있는 그런 의사의 길을 던져버리고 이국 땅을 헤매던 그가 의료 기구도 없는 곳에서 자기 돈 써가면서 죽어가는 생명을 살리는 일에 참여하면서 비로소 진정한 자기의 존재 가치를 회복해 간다.

따라서 그는 단순히 불쌍한 사람을 도운 것이 아니다. 그들의 필요에 의해 의사로서 쓰이게 되면서 비로소 자기 존재에 대한 회의를 벗어날 수 있었고 진정한 자기를 발견하게 된 것이다. 그것이 바로 깨달음이다.

왜 정토회에서 일을 할 때 월급을 안 줄까? 그것이 존재의 본질이기 때문이다. 만약에 50만 원 받고 일을 하면 50만 원짜리 월급쟁이고 100만 원 받고 일을 하면 100만 원짜리 월급쟁이다. 그럼 다른 데 가면 200만 원 받는데 여기서는 100만 원밖에 못 받으니까 항상 손해본다는 생각이다. 그러나 월급을 받지 않고 일을 하면 어떨까? 월급을 받기 때문에 일하는 것이 아니라 일하는 것 자체가 자기 존재의 실현이다.

사람이 먹고 자고 입는 것은 어떤가? 놀아도 먹어야 하고 일해도 먹어야 한다. 정토회에서 일하기 때문에 먹이는 것도 아니고, 입히는 것도 아니다. 그것은 사람은 먹어야 하고 입어야 살기 때문이다. 설령 사람을 죽였다 하더라도 먹어야 하고 숨은 쉬어야 하고 옷은 입어야 한다. 그것은 일하기 때문이 아니라 존재 자체가 그렇게 되어 있기 때문에 주어지는 것이다.

많은 사람이 200만 원, 300만 원 받는 보수를 버리고 여기 와서 일하는 것이 그가 특별하게 무슨 수행을 하고 깨달아서 큰 각오를 갖고 시작하는 것은 아니다. 사람은 누구나 자기가 없으면 안 되고 자기가 어떤 일에 보람있게 쓰인다면 특별한 철학이 없어도 삶의 보람을 느낀다. 그래서 보수없이 일할 때는 괴롭지 않은데 200만 원, 300만 원 받고 회사 다닐 때는 지금 하고 있는 일의 반도 안 하면서 불평불만은 가득하다.

쓸 때는 살리도록 쓰자

그렇다고 우리가 쓰이기만 하는가? 아니다. 우리의 삶 자체는 다른 사람과 생명, 우주 만물을 모두 쓰고 산다. 다른 사람이 없으면 안경도 옷도 이불도 방석도 집도 자동차도 아무것도 없다.

그러면 쓸 때는 어떻게 써야 할까? 살리도록 써야 된다. 예를 들어 자동차나 집을 지어 가만히 두는 게 오래갈까?

사람이 살면서 쓰는 게 오래갈까? 당연히 쓰는 것이 오래 간다. 쓰는 것이 죽이거나 단순히 소비하는 것이 아니라 쓰는 것이 바로 살리는 길이다.

그러나 너무 써버리면 죽는다. 초등학교도 나오지 않은 어린이를 뭔가 더 배우도록 공부시키지 않고 직장에 보내 혹사시키고 열두 살짜리 여자아이를 창녀촌에 보내고 하는 것은 죽이도록 쓰는 것이다.

또 한편으로는 뭐든 해 달라는 대로 해 주고 키우는 것 역시 그 사람을 죽이도록 쓰는 것이다. 아이에게 '밥도 하지 마라, 청소도 하지 마라, 공부만 하라'할 때 그 아이가 커서 어떻게 될까? 뭐든 해 주고, 성질대로 맞춰 주면 그 아이가 커서 어떻게 될까? 그렇게 키워진 아이들만 모아 놓으면 어떨까? 둘이도 같이 못 산다.

쓰기만 하고 쓰여지지 않는 사람을 같이 모아 놓고 살면 서로 싫어한다. 다른 사람의 의견을 들을 줄도 모르고 자기 의견만 관철하려는 사람하고 같이 살면 누구나 싫어한다.

세상 사람들이 그를 싫어한다는 것은 그의 존재가 필요없다는 뜻이다. 그런 사람이 결혼을 하게 되면 이혼하고, 직장에 가게 되면 쫓겨난다. 어딜 가도 쓸모가 없다. 그것은 죽음이 아닐까? 제 3세계 아이들은 혹사시켜 못 쓰게 만들고 우리 아이들은 쓰지 않아서 못 쓰게 만든다.

그럼 아이를 써야 되는데 정말 안 썼을까? 장식품으로 보기 좋은 용도로, 그저 옷 입히고 밥먹는 모습이 보기 좋아서, 그렇게 애완용 동물처럼 키웠다.

인형처럼 애완용 동물처럼 키웠지 사람으로 키운 것이 아니니까 사람 구실을 못 한다. 그러니까 잘 써야 한다. 밥도 하도록 하고 청소도 하도록 하면 아이는 배워서 좋고 나는 일 덜어서 좋다.

그렇다고 내가 할 일을 하기 싫다고 맡기면 아이는 죽어버린다. 또 내 일이라고 차지하고 무조건 안 시키면 아이는 못 배워서 쓸모 없어져 버린다. 쓸 때 살리도록 써야 한다.

이 세상에는 쓰이기를 좋아하는 사람보다 쓰고자 하는 사람이 많다. 수요와 공급을 따지면 쓰겠다는 사람이 많고 쓰이겠다는 사람이 적기 때문에 봉사자가 필요한 것이다. 그런데 자원봉사자가 모자란다고 한다. 이것은 쓰이기를 거부하고 있다는 뜻이다. 그러니까 세상이 자꾸 각박해진다.

쓰이기를 거부하는 사람이 많은 세상에서 쓰여지는데 기쁨을 느끼는 사람이 있으면 빛이 난다. 사실 쓰여지는 것이 너무도 당연한 존재의 원리이지만 그런 사람이 마치 성인처럼 받들어진다.

많은 사람이 다 쓰려고만 하기 때문에 그저 생각없이 평범한 사람으로, 마치 돌멩이나 풀처럼 살아왔는데 보통사람보다 높은 성인 취급을 받는다. 대접을 받기 위해 그런 삶을 산 것은 아니지만 그런 사회일수록 높이 받들어진다. 이렇게 자기 본래 존재대로 살면 세상 사람에게 존경받으니까 삶이 더욱 빛난다.

다른 사람에게 쓰이는 시간이 늘어난다는 것은 삶이 그만큼 주체적이고 안정되어 있으며 괴로움이 적다는 것을 말한다.

그러니까 자기가 편안해지는 자기 실현의 길과 정토 실현의 길은 둘이 아니다. 우리가 이렇게 봉사하는 것은 자기 실현의 길이며 동시에 우리 사회를 정상적인 사회로 나아가게 하는 길이다.

또 우리 사회가 보다 더 정상적으로 나아가는 사회일수록 나뿐만 아니라 그 속에 사는 사람도 편안하고 행복해진다. 모두 깨닫겠다고 절에 가고 교회에 간다고 하는데 실제 목적은 무엇일까? 부처님이나 하나님께 빌어 내가 좀더 많이 쓸 수 있도록 도와 달라고 하려는 심리에서 절이나 교회에 다닌다.

그런데 이런 심리로 다녀도 절이나 교회에 다니는 사람 중에 봉사자가 생기는 이유는 무엇일까? 네가 원하는 것을 하나님이 도와 주길 원하거든 너도 다른 사람이 원하는 것을 해 줘라. 내 원하는 욕망이 성취되려면 나도 그만큼 다른 사람에게 베풀어야 한다는 것을 말하기 때문이다.

그러니까 '내가 많이 베풀면 많이 받을 수 있다'는 생각에서 봉사자가 나온다. 이러한 인과의 원리에서 봉사하는 사람은 어리석은 중생보다는 깨어난 사람이며 봉사하지 않는 것보다는 좋은 일이지만 해탈의 길과는 거리가 멀어서 얼마 지나면 또 막힌다.

죽어라 봉사하고 보시했는데도 하는 일마다 잘 안 되고 몸은 아프고 집안에 사고가 나면 어떤가? '에이, 부처가 어디있어? 하나님이 있다면 나를 이렇게 대하겠느냐'는 식으로 의식이 바뀌어 버린다. 바라는 마음에서 출발했기 때문에 비록 행위는 흉내 내어도 그 욕구가 이루어지지 않으면 다시 뒤집어지는 것이다. 봉사는 괴로움이나 희생이 아니라 그냥 삶인 것이다.

쓰고 쓰이는 관계

우리 사회에는 일손이 부족한 곳이 많이 있다. 혼자 사는 노인들은 말상대가 필요한데 들어줄 사람이 없다.

젊은 사람들은 바깥 경계에 팔려 자기 놀기 바쁘고 대가족 사회에서는 손자보는 재미도 있었지만 현대 같은 핵가족 사회에서는 그것도 기대하기 어렵다. 그러니 독거 노인에게 가끔 전화로 인사하고 그들의 하소연 들어주는 것도 봉사가 아닐까? 그 사람은 돈보다는 그것을 원하기 때문이다.

또 살다보면 여러 가지 고민이 생길 수 있고, 상담을 원하는 사람도 있다. 그래서 가족간의 어려움도 풀어야 하고, 부부관계 어려움도 풀어야 하고, 아이 공부 문제도 해결해야 하고, 건강문제도 해결해야 하고, 잠을 설치는 원인도 해결해야 한다. 바로 이런 상담이 필요할 때 스님의 쓰임새가 있다.

어떤 용도로도 쓰일 수 있는데 지금 어떤 용도가 더 강렬한가의 문제다. 나 없이도 사는 데 별 지장이 없는 사람이 있고 어떤 사람은 나의 어떤 역할이 없으면 죽을 위기에 있다고 하면 후자는 용도가 아주 강렬한 것이다. 이럴 때 우리의 쓰임새는 필요가 강렬한 쪽으로 끌려가게 되어 있다. 거기에 자신의 보람이 있다.

봉사조직을 이끈다고 할 때도 그렇다. 어떻게 사람을 모으고 조직을 끌고 갈 수 있을까?

그들에게 먼저 쓰여져야 된다. 그래야 사람들이 모인다. 예를 들어 한 사람이 처음 절에 나왔는데 자기 고민도 해결하고 자기 얘기도 들어주고 필요하다니 물건도 주고 필요한 지식도, 방법도 가르쳐 준다. 그러니까 재미가 있고 이득이 있다.

그렇다고 내가 그 사람에게 쓰이기만 하면 이 조직이 오래 유지될까? 법문 들어 좋고 상담해 주니 좋아서 절에 나오지만 어느 시기가 지나면 안 나온다. 자기 요구가 어느 정도 충족되고 해결되면 절에 나올 필요가 없어진다는 말이다.

그런데도 절에 나오는 사람이 있다. 자기가 이 조직에 필요로 해서 쓰이면 나온다. 내가 쓰이기만 하고 상대를 안 써주면 상대는 이곳이 좋은 줄 알아도 일정한 시간이 지나면 자기의 존재의미를 못 느껴 나오지 않게 된다. 내가 없어도 되지 않나, 내가 있으면 귀찮지 않나 하는 자격지심이 생긴다.

항상 얻기만 하고 주는 것이 없을 때 고맙긴 하지만 마음 한편에서는 이렇게 자격지심이 생기고 소외감이 생긴다. 그렇기 때문에 그도 여기 와서 쓰이는 존재가 되어야 한다. 그래야 자기 존재에 대한 의미가 생기고 보람이 생긴다.

조직을 관리하는 사람은 그 사람을 써줘야 된다. 써줄 때 보람을 느낀다. 그러니까 일을 계속 만들어 줘야한다. 그런데 내가 하기 싫은 일 떼어 넘기듯 주면 그 사람은 얻으러 왔는데 무엇인가 뺏긴다는 기분이 들고, 쉬려고 왔는데 자꾸 하기 싫은 일을 시킨다는 생각에 도망가 버린다. 조직을 만들어 함께 일할 때 두 가지를 유의해야 한다. 지도자가 사람을 시키기만 하고 그 사람의 필요에 쓰이지 않는 경우로, 이때는 온 사람들이 모두 가버린다. 다른 하나는 다른 사람에게 폐를 끼치기 싫어 내 일은 내가 한다면서 모든 것을 자기 혼자서만 하는 사람이 있다. 다른 사람이 하면 마음에도 안 들뿐만 아니라 다른 사람에게 폐 끼치기 싫다는 경우다. 이런 경우에도 사람들이 나중에 안 나와 버린다.

존재는 쓰고 쓰이는 관계다. 써야 된다는 것은 서로 일을 나누어 맡겨야 된다는 것이다. 모르면 가르쳐 주면서 맡겨야 한다.

그런데 일을 달라 그러면 안 주고 움켜쥐고 있거나, 주고 나서는 못 한다고 구박하고, 물으면 그것도 못 한다고 꾸중하는 분위기가 있다. 처음에 모르는 것은 너무도 당연하다는 것을 받아들여 모르면 알도록 자꾸 깨우쳐 줘야 된다.

내가 법문을 잘 한다고 나 혼자서만 하고 다른 사람 법문 안 시키면 앞으로 정토법당이 500개 되면 혼자서 할 수 있을까? 다른 사람도 법문을 해야 한다. 그러면 처음하는 사람은 나보다 못할 수 있다. 나도 처음 법문할 때 잘 할 수 없었다. 못 하는 것은 너무 당연하다. 그러나 그런 가운데 경험을 쌓고, 나름대로 쓰임새가 생기고 잘해지는 것이다.

쓰이고 써야 한다. 내가 먼저 쓰이고 상대 또한 써 줘야 한다. 쓰일 때는 상대의 필요에 의해 쓰이고 쓸 때는 상대를 살리도록 써야 한다.

예를 들어 남편이 아내를 아껴준다 해서 힘든 일을 시키지 않는다고 하자. 어떻게 될까? 운전한 지 10여 년이 되었는데도 고속도로를 못 달리고 간단한 차 수리도 못 하는 사람이 있다. 왜냐 하면 장거리는 모두 남편이 하고 수리도 해 주니까 모른다. 어떻게 보면 사랑이라고 말하지만 어떻게 보면 아무것도 할 줄 모르는 바보를 만든 것이다.

그런데 혼자서 어른을 모시고 가게 되면 어떨까? 자기가 길도 알아야 하고 차도 점검하고 고장나면 책임도 져야 한다. 겨울에 눈이 많이 오면 체인도 끼워야 한다. 그러니까 남편이 그립기는 하겠지만 시간이 지나면 장거리도 뛸 수 있을 뿐만 아니라 웬만한 수리도 직접 할 수 있게 된다.

반드시 다른 사람이 해 주는 것이 좋은 것만은 아니다. 그러면 자기가 죽어버린다. 한편으로는 다른 사람이 할 수 있도록 문호를 열어 줘야 한다. 그러면서 못 하는 것은 서로 봐 줄 수 있어야 된다. 그런데 못 하는 것을 못 봐

준다. 못 하는 것을 거쳐 잘 하는 쪽으로 가기 때문에 그것을 지켜봐야 된다. 실패는 성공의 어머니라고 하지 않는가!

지금 우리가 사용하는 약초를 발견하는 데는 아마 수많은 사람이 죽었을 것이다. 이 풀 저 풀 뜯어먹고 죽는 과정을 통해, 그 경험이 수없이 쌓여 이것은 약이고, 저것은 독인 것을 알게 되었다. 처음부터 '이것은 약이다, 저것은 독이다'를 알았던 것이 아니다. 목숨을 건 수없는 시행착오 속에서 수십만년 내려오면서 쌓인 결과다.

또 양로원에 봉사를 나갔다 하자. 거기에 계시는 할아버지 할머니에게 필요한 것이 있다. 빨래도 해 주고 목욕도 시켜드리고 얘기도 들어준다. 그런데 우리가 양로원에 가서 도와만 준다고 좋아하는 것은 아니다. 할아버지 할머니도 보람을 느껴야 한다. 자기들도 뭔가 해 줄 것이 있어야 한다. 그럴 때 그분들이 보람을 느낀다.

지금까지 우리의 고뇌란 주로 가정내에서 생긴 문제이기 때문에 남편에게 엎드려 '감사합니다. 저를 써 주십시오' 하는 공부를 해 왔다. 그래서 남편과 갈등 있던 사람도 남편에게 나를 많이 이해해 달라는 것이 아니라 남편의 요구를 들어주니 그도 마음이 누그러지고 여러 가지로 서로 이해하게 된다. 절에 가는 것도 덜 말리고, 절에 가서 봉사하는 것도 이해하고, 가정적인 불화도 적어지고, 애들도 엄마를 이해해 주고 그렇게 풀려나간다.

가정내에서 쓰이기를 거부했기 때문에 갈등이 있었는데 집안의 요구에 기꺼이 쓰여졌기 때문에 해결된 것이다.

사회의 요구에 부응하는 봉사조직, 보살단

여기서 우리가 한 발 더 나아가서 집안의 요구뿐만 아니라 사회의 요구도 받아들일 줄 알아야 한다. 가정의 요구를 수행하는 것은 나 혼자서도 할 수 있지만 사회 요구에 대한 수행은 혼자 할 수 있을까?

그래서 봉사조직, 보살단이 필요하다. 시간과 일을 서로 나누어 배분받아 역할분담을 하면서 마치 여러 사람이 매일 시간을 내서 하는 것 같이 그런 형태를 만들 수 있다. 이렇게 해서 필요할 때 연락해서 해결해 주는 조직을 만들어 간다. 국제적으로도 이런 단체가 많다.

예를 들어 '국경 없는 의사회'는 1년에 2개월 이상은 세상이 필요로 한다면 늘 자기가 쓰여질 수 있도록 각오한 사람이 가입하는 단체다. 필요하다면 2개월마다 교대를 시키면서 그 지역에는 계속 상주한다.

거기에 드는 경비는 개인이 부담하는 경우도 있지만 조직에서 그 경비를 부담하고 그런 활동경비로 쓸 수 있도록 회원들은 한 달에 얼마씩 회비를 낸다. 봉사를 할 때는 회비를 내지 않고 봉사를 하지 않을 때는 자기 수입에서 한 달에 얼마씩 내도록 되어 있다.

이렇게 좋은 일을 하니까 후원회원이 생긴다. 활동비로 쓰라고 많은 사람이 성금을 낸다. 그래서 의사와 간호사는 20%밖에 안 되고 나머지 80%는 비의료인이다. 이렇게 이 단체에 적극적으로 동조하는 사람들, 돈을 내는 사람들도 함께 포함되어 커지는 것이다. 자기의 쓰임새가 있으면 누구나 마음을 낸다.

뭔가 자비심이 많아야 어려운 사람을 돕는 것이 아니다. 내가 그 어려움에 대해 많이 알고 거기에 내 쓰임새가 필요로 하니까 거기에 쓰이지 특별한 이념과 사상이 있어야만 그런 일을 할 수 있는 것은 아니다.

지금 우리 사회는 웬만한 것은 필요하면 돈으로 살 수 있는 사회로 변해가고 있다. 그런데 돈 주고 안 되는 것도 있다. 외로움은 돈을 주고 해결할 수 없다. 돈을 준다고 해서 외로움이 사라지지 않는다. 돈 주고 디스코장에 가서 한번 흔들고, 남자나 여자 만나 데이트하는 것으로 잠깐이나마 마음을 달랠 수는 있지만 그런 경우는 또 다른 위험이 따른다.

그러니까 그렇게 외로움을 느낄 때 아무 사심없이 사람을 만나고 싶은 생각이 있다. 이기적인 사회에서는 남자든 여자든 누구를 만나 조금만 잘해 줘도 겁난다. 무슨 꿍꿍이가 있지 않을까? 나에게 무엇을 요구할까? 항상 이런 두려움 속에 살아간다. 그래서 아무런 이해관계 없이 믿을 수 있는 사람을 누구나 필요로 한다. 외로울수록 그런 사람이 절실히 요구된다.

우리가 그런 요구에 쓰여질 수 있다. 긴급한 자연재해 등 큰 일은 오히려 국가적으로 해결한다. 그러나 이렇게 외로움을 해소하는 것과 같은 긴요하지만 해결이 안 되는 일도 무척 많다. 그런 일들을 해결하고 필요한 곳에 가서 도와 주는 것이 우리가 조직을 만들어 쓰일 일이다.

혼자 살면서 아기를 키우는 사람이 있는 데 급한 볼 일이 있을 때 마치 119구조대처럼 연락해서 아기를 봐 달라거나, 간병을 부탁하면 1~2일은 믿고 맡길 수 있는 공신력 있는 조직이라면 어떨까? 우리 신도뿐만 아니라 사회의 모든 사람에게 그런 일로 쓰이면 어떨까?

우리가 흔쾌히 가서 봉사해 줄 수 있는 일이 많을 때 우리가 하는 일이, 우리의 존재가 사회에서 빛을 발하게 된다.

그런 조직이 있어야 된다. 119 이상으로 유명해야 된다. 연락만 하면 달려오고 해결될 수 있는 것은 기꺼이 해결해 준다면 우리 사회는 그것만으로도 굉장히 편안해질 것이다. 나중에 혼자 살아도 별 걱정 없다. 혼자 살다가 정안 되면 정토 봉사단, 보살단에 연락하면 해결될 것이라는 심리적 위안이 있으니까. 이것이 우리가 지향해야 할 바다.

이런 역할이 우리 사회에 요구되고 있다. 그래서 지금까지는 각 개인이 괴로워 죽겠다 하는 문제에 빠져 있었다면 이제는 이렇게 모두의 요구를 해결하는 데 쓰임새 있게 삶이 전환되어야 한다.

우리가 할 수 있는 일부터 하면 된다. 인도에서 JTS의 출발 역시 우리가 할 수 있는 일부터 시작했다. 옷 갖다 나눠 주고, 여행경비 절약해서 학교를 짓고, 병원 세워 치료해 주고 이런 일이 국내에 알려지면서 모금도 됐다.

우리 돈으로 쓰다가 차츰 도와 주는 후원자를 구했다. 이런 식으로 조금씩 확대되어 이제는 개인에게만 후원받는 것이 아니라 다른 단체로부터도 후원을 받는다.

지금 나진·선봉지역에 있는 전체 탁아소와 유치원 어린이를 돕는 사업 같은 것은 개인 후원자만 모아 하기는 힘들다. 그렇게까지 하기에는 우리 조직이 크지 않다. 적어도 한 달에 만 원 내는 후원회원이 5만 명은 있어야 하는데 아직 우리의 1년 예산은 2, 3억밖에 안 된다.

그러면 나머지 예산은 어떻게 하는가? 우리의 성실한 활동을 보고 가톨릭 단체든, 여러 단체가 여기다 쓰라고 돈을 갖다 준다. 또 의약품 지원은 의료단체들이 맡고 의사들도 거기에서 파견한다면 이 활동이 자꾸 확대되어 갈 것이다.

처음에는 내 힘으로 할 수 있는 것부터 하지만 그것이 공신력이 얻어지면 다른 사람의 협조가 따라오게 되고 사업이 확대되어 나갈 수 있다. 그런 식으로 처음에는 정토포교원 사람으로만 일을 하지만 이런 정신이 참 좋다라는 동의가 얻어지면 다른 절에 다니는 사람의 참여도 가능하게 된다.

그러나 원칙이 있어야 한다. 우리 봉사단은 무엇이든지 내놓아야지 여기에서 무엇을 얻어가야겠다는 사람은 안 된다는 원칙 같은 것이 있어야 한다.

왜 우리 단체에 다른 단체 사람들이 돈을 줄까? 대부분 조직관리에 많은 돈이 쓰이는데 이곳에서 일하는 사람들이 월급도 받지 않고, 사무실 경비도 최소로 쓰니까 다른 곳에 주는 것보다 여기 주는 것이 효율적이라는 인식이 높아지면서 돈을 내는 사람이 늘어난 것이다. 사실은 돈 내고 싶은 사람은 많이 있는데 어디다 줘야 제대로 쓸까 하는 의구심 때문에 못 주는 사람이 많다. 꼭 돈을 갖고만 할 수 있는 것이 아니다. 이런 조직을 자발적으로 만들어가는 것도 필요하다.

돈도 없는데, 지식도 없는데, 권력도 없는데, 늙었는데, 가
정주부가 무엇을 할 수 있겠나 하는 생각을 가지면 안 된
다.

이 세상 일은 보통 사람들이 필요로 하는 일이다. 보통
사람들이 무엇이 필요한지는 바로 그런 보통 사람이 잘
알 수 있을 것이다.

어떻게 살 것인가

우리는 어디에 서 있는가?

농사를 지어 본 사람이라면 씨앗만 보고도 언제쯤 심어야 싹이 트고 자라 무슨 꽃이 피고 수확량이 얼마나 될 지 대충 알 수 있다. 햇빛이나 토양, 물, 공기 등 환경에 따라 어떻게 달라질 것인지도 예상할 수 있다. 그러나 농사를 지어 보지 않은 사람은 어떻게 씨앗을 보고 그것을 알 수 있느냐고 반문할 것이다.

우리 인생은 그와 같다. 자기 업식을 잘 아는 지혜로운 사람은 자기 인생이 어떻게 될 것인지를 미리 알지만 어리석은 사람은 자기 앞날을 알지 못한다.

또 어떤 씨앗을 심어 어떤 싹을 틔울 것인가는 전적으로

농부의 선택인 것처럼 인생 또한 우리의 마음 밭에 무명의 업식을 심어 키울 것인지 지혜의 종자를 심어 키울 것인지는 각자 자신의 선택에 달린 것이다.

예를 들어 담배를 피우는 것이 좋은지, 피우지 않는 것이 좋은지는 단정적으로 말할 수 없다. 왜냐 하면 건강한 사람의 경우는 담배를 피우는 것으로 스트레스가 해소될 수 있다면 피우는 게 나을 수도 있고, 그렇지 않는 사람은 정신뿐만 아니라 육체적으로도 해가 될 수 있으므로 피우지 않는 것이 낫다. 어떤 조건이냐에 따라 달라질 수 있다는 것이다. 만일 폐가 좋지 않은 사람이라면 담배와 건강 중 어느 하나를 선택해야 한다.

오늘 우리 사회와 인류, 그리고 내가 처해 있는 현실도 병행할 수 없는 모순이 있다면 하나를 놓아야 한다. 수행은 포기할 줄 아는 데 그 묘미가 있다. 욕심을 버리지 않으면 혼란스럽다.

우리는 자신이 갖고 있는 능력을 어디에 쓸 것인가를 선택해야 한다. 좋은 두뇌와 지식과 돈이 주어졌다면 그것으로 일신의 이익이나 명예를 추구할 수도 있고 전사회, 전인류의 재산이라 여기고 사회와 인류를 위해 오직 자신에게 주어진 사명을 다할 수도 있다.

여기서 우리에게 남는 것은 어떻게 살 것인가의 문제다. 우리에게 지혜가 없으면 세상은 늘 혼란스러워 보이고 지혜가 있으면 온갖 삶이 어우러져도 혼란스럽지 않다. 흔히들 미래를 알 수 없어 불안해 한다. 그러나 우리의 사고가 혼란스러울 뿐, 미래가 불투명한 것이 아니다. 다만 미래를 바라보는 내 안목이 없기 때문에 불투명하다고 말할 뿐이다.

희망이 있는 곳에 기쁨이 있다

우리는 옷과 음식, 방을 준비해 놓아야 인생의 문제가 해결된다고 본다. 사실은 어떤가? 정말로 내 인생의 문제는 한 생각 내려놓으면 아무런 문제가 없다. 창공을 나르는 새도, 땅 속 지렁이도 다 살게 되어 있는 것처럼 인간은 본래 살게 되어 있다. 걱정하지 않아도 헐벗지 않고 밥 먹고 잠 잘 잔다.

내가 한 때는 너무 바쁘게 살다보니 잠 잘 시간도 없고 밥도 세끼 먹지 못했다. 그래서 늘 하는 말이 '아이고, 언제나 밥 세끼 찾아 먹고 잠 한번 실컷 자보나……' 였다. 그런데 어쩌다가 감옥을 가게 되었는데 그곳에서는 두 다리 쭉 뻗고 자고 하루 세끼 그것도 규칙적으로 먹었다. 소원이 이루어진 것이다. 이렇게 일주일이 지나니까 몸무게가 5kg이나 불었다. 팔자 핀 것이다. 그런데 그 생활이 행복하지 않았다. 라면 먹고 잠 못 자고 돌아다닐 때가 더 행복했다.

북풍한설에 굶어도 희망이 있으면 기쁨이 있다. 물론 육신이 있고 업식이 있다 보니 맛있는 음식과 멋진 옷, 편안한 잠자리가 좋지만 이제는 그런 것에 걸려 일을 그르칠 정도는 아니다. 자는 것 정도는 얼어죽을 정도만 아닌 수준이면 되고, 먹는 것은 배 곯지 않을 수준이면 되고, 입는 것도 더위와 추위를 막을 수 있으면 된다.

인도 성지순례를 함께 가보면 대부분 사람들이 힘들어하는 문제는 음식이 자기 입맛과 맞지 않고 화장실이 없으니 똥 누는데 불편하고 호텔이 누추하여 잠자리가 편안하지 않고 물이 부족하여 마땅히 씻을 곳이 없다는 것이다. 이런 상태에서 일주일만 지나면 자기 모습이 다 드러난다. 라면을 먹어도 누가 좀더 많이 먹지나 않는지 눈이 휘둥그레져서 살핀다. 침낭이나 잠자리를 배분할 때도 신경이 얼마나 날카로운지 모른다.

지금 앉아 생각하면 한심하고 부끄러운 일인데 그런 상황에 처하면 그렇지 않다. 우리가 그만큼 불편한 것을 못 견딘다.

그러나 그럴 때 비록 자기 불편함을 마음껏 드러냈다 하더라도, 인도 생활에 비한다면 현재 한국에서의 먹고 입고 자는 것에 대해 불평불만이 없어야 할 것이다. 그런데 대부분 어떻게 생각하는가? '먹을 것만 준비해 놓고요. 살 방도를 마련해 놓고 할께요' 라고 말한다. 그러나 그렇게 생각하는 한 죽을 때까지 해 봐도 살 방도는 마련되지 않는다. 살 방도는 무엇인가 조건이 꾸려져야 되는 게 아니라 그런 망상을 놓아 버리면 저절로 열린다.

이것을 해결하지 못하면 머리 깎고 스님이 되어도 매일 먹는 것 갖고 신경질 내고, 입는 것 갖고 욕심 내고, 자는 문제로 짜증낸다.

이런 문제를 해결 못 하면 천둥치고 벼락이 떨어져도 눈 하나 꿈쩍하지 말아야 할 선방에서 참선한다는 선방 스님들도 음식이 짜니 식은 밥이 들어 왔느니 반찬이 몇 가지나 나왔느니 대중공양이 들어왔는데 왜 선방에 올려보내지 않았느니 문소리가 시끄럽느니 등으로 대중공사를 하게 된다. 인간을 편안하게 놔둔다고 해서 편안해지는 것이 아니다. 목표를 놓치면 오히려 사소한 욕구들이 중요한 이슈로 등장한다.

자기 문제는 좀 놓아 버릴 수 있어야 한다. '이 세상을 좀 더 아름답게 만들기 위해 어떻게 하면 효율적일까?' 하는 주제로 머리 맞대고 토론하고 자기 주장을 펼칠 수 있어야 하지 않을까? 개인의 이익과 명예를 위해 논쟁하고 주장하고 싸운다면 그것은 공부라고 할 수 없다.

무슨 일을 할 것인가를 생각하기 전에 의식주 문제는 놓아 버려야 한다. 이것이 수행자가 되는 기초다. 그런데 그 시간이 얼마나 걸릴까? 10초, 아무리 못 해도 석 달만 하면 되는 일이다. 석 달하면 될 일을 평생 끌고 갈 필요가 없다. 그런데 우리는 평생이 아니라 다겁생래로 끌고 간다. 얼마나 어리석은 사람인가! 그것은 밥만 축내고 세월만 죽이는 격이다.

수행자가 되는 길은 적어도 의식주 문제에 안달복달하는 마음을 놓을 수 있어야 한다. 그래야 결혼해도 잘 살 수 있고 공무원이 되든 사업을 하든 다 잘 할 수 있다. 마음에 괴로움이 별로 없다. 이런 토대 위에 설 때 비로소 이 세상을 좀더 아름답게 만들기 위해 서로 머리 맞대고 의

논할 수 있다.

자신의 문제는 하루를 기준으로 하면 아침에 눈뜨고 나서 30초 아니면 화장실에 앉아 있는 잠시 동안 해결하고 말아야 한다. 그러면 나머지 시간은 자연히 다른 사람을 위해 쓰여지게 된다. 이렇게 해야 실제로 일이 된다. 다른 사람을 위해 일하자고 해 놓고 계속 자기 문제로 괴로워하면 어떻게 될까? 다른 사람을 위해 일하는 것이 아니라 오히려 다른 사람을 해치게 된다.

보시하는 삶

다른 사람의 잘잘못을 시비하고 자신의 의식주 문제에 연연해하는 수준이면 세상의 일에 대해서는 말도 꺼내지 말아야 한다. 세상이 어떻다느니 이런 말을 하면 안 된다. 그런데 이런 사람일수록 그런 말을 더 잘 한다. 자기 정진이 필요한 이유가 바로 여기에 있다. 자기 정진이 없으면 결국 세상을 해치게 된다. 마치 집을 지으려면 땅 고르는 작업부터 해야 하는 것처럼.

의식주 문제가 해결된 다음에 수행하는 것이 아니고 세상을 좀더 아름답게 만들기 위한 일을 할 때 자기 수행이 된다. 바로 그 일이 자기 공부의 장이 되기 때문이다.

그렇게 하려면 보시하는 삶이어야 한다. 재물로 하든 마음으로 하든 몸뚱이로 하든 무엇인가 보시를 해야 한다. 다른 사람을 이해해 주는 마음을 내든 다른 사람을 도와 주는 마음을 내든 무엇인가 베풀 줄 알아야 한다. 이런 일은 혼자해도 좋지만 같이 하면 더 잘 된다.

그래서 조직이 필요하다. 세력다툼을 하기 위해 조직이 필요한 게 아니라 한 사람의 힘보다는 10명이 모여 각자 역할분담을 해서 추진하면 10배, 100배의 효과를 낼 수 있기 때문이다.

여기서 한 발 더 나아가면 자신의 전부를 내놓고 해야 된다. 내 모든 것을 내 소유로 하지 말고 이 세상에 환원해야 한다. 세상을 이롭게 하는 데 써야 한다.

머리를 깎고 일하는 게 효율적이겠다 하면 머리를 깎고 할 수 있고, 대통령이 되는 게 더 낫겠다 싶으면 대통령이 되고, 청소부가 되어 일하는 게 효과적이겠다 하면 청소부가 되는 등 무엇이든 시대 상황에 필요한 일을 해 나가면 된다.

승가가 왜 만들어졌을까? 자기 점검을 하는 데 도반끼리

더불어 하면 더 효과적이어서 조직을 만들고, 모여 사는 것이 각 개인에게 좋기 때문에 조직을 만든 것이다. 그런데 좋아서 만난 부부가 둘이 살면서 죽겠다고 하면 이것은 말이 안 된다. 혼자 사는 것보다 자식까지 낳고 살면 더 삶이 재미있을 것 같아 그렇게 산다.

그런데 '우리 좋은 일 합시다' 하면 '아이고, 그게 마누라와 자식이 있어 뜻대로 안 됩니다. 혼자 사시는 스님이나 열심히 하십시오' 라고 한다. 이 말은 어떻게 보면 맞는 말인 것 같지만 사실은 맞지 않다. 왜 그럴까? 혼자 사는 것보다 둘이 사는 게 좋겠다고 생각해서 둘이 산다. 그런데 그 사람 때문에 자기가 옳다고 생각하는 일을 못 한다는 것은 앞뒤가 모순이다.

둘이 사는 것보다 자식까지 낳고 사는 게 더 낫겠다고 생각해서 자식을 낳았으니까 부인이 있고 자식이 있는 사람이 혼자 사는 사람보다 세상을 이롭게 하는 데 관심을 가져야 한다. 그런데 딸린 식구들 때문에 안 된다고 하면 이것이야말로 전도몽상이다.

결혼했으면 혼자 사는 것보다 진리에 대한 탐구의 정열과 사회 정의를 위한 추진의 힘이 커야 하고, 개인의 인생에 있어서도 희망이 더 커야 된다. 그래야 논리가 맞다. 그리고 혼자 사는 사람은 어떠해야 할까? 둘이 사는 사람보다 생각이 더 바르고 행복하고 추진력이 있어야 한다. 그래야 혼자 사는 보람이 있다.

내가 사람들을 만나 '아이고, 죽겠다. 중이 되니 새벽 4시에 일어나 예불해야지 미치겠어' '아이고, 참선을 하려니까 허리가 아프고 막 죽겠어' '야, 맛있는 고기도 못 먹고 말이야. 먹고 싶어 죽겠어' '여자만 보면 마음이 싱숭생숭한데 이거 어떻게 하면 되지' 이렇게 말하면 사람들이 '아이고, 미친 중아! 누가 너보고 중이 되라고 그랬느냐? 그만두면 될 것 아니냐. 뭘 그걸 가지고 걱정이냐. 그렇게 사는 게 좋다고 네가 중이 되었지. 누가 중이 되라고 그랬냐' 한다. 이 지경까지 가면 중으로서 아무런 가치도 없고 우매한 사람이라는 말만 듣는다.

마찬가지로 사람들이 나 같은 중한테 찾아와 '아이고, 사업이 안돼 죽겠네' '공부가 안돼 죽겠네' '시집을 갔더니 남편이 속을 썩여 죽겠네' '자식 때문에 머리가 아파 죽겠네' 이러면 나는 뭐라고 할까? 나도 똑같다. '누가 사업하라고 했소. 결혼 하라고 했소. 자식 낳으라고 했소' '그만 두시오' 할 것이다. 이런 사람들과는 세계를 어떻게 할 것인가 논할 대상이 못 된다.

'스님, 마음 공부하려면 어떻게 하는 게 좋습니까?' 이렇게 질문하러 오는 사람은 드물다.

예를 들어 내가 입시학원을 운영한다고 하자. 이때 한 명은 수학, 한 명은 영어, 한 명은 국어를 맡았다면 영어선생한테 영어 물으러 가고 수학선생한테 수학 물으러 가고 국어선생한테 국어 물으러 갈 정도가 되어야 셋이 힘을 모아 학원 하나를 운영할 수 있다.

그런데 영어 선생이 수학선생한테 영어 물으러 가고 국어선생이 영어선생한테 국어 물으러 간다면 그런 사람과는 같이 일 할 필요가 없다.

사회가 제대로 되고 인생이 제대로 되려면 자기가 하고 있는 부분에 대해 잘 알아야 된다. 어쩌다가 한번 참고 삼아 도움을 청할 필요는 있지만. 결혼했으면 부부간에는 이렇게 살아야 되겠다는 원리를 터득하여 책 한 권 낼 정도는 되어야 하고, 학교 선생님이 되었으면 아이들을 가르치는 것에 대해 전문가가 되어야 한다. 그래야 자기 일에 충실한 것이다. 그런 마음가짐으로 인생을 살아야 된다.

술 먹고 싶으면 혼자 먹든 같이 먹든 취하면 구석에 박혀서 자든지 하지 괜히 술집에서 행패 부리다 욕 얻어먹고 돈 버리고 부모한테 혼나고 다음날 출근하지 못하고…왜 그럴까? 좋다고 결혼하여 아이까지 낳아 놓고 사니 못 사니 하면서 가슴 아프게 사는 이유가 무엇일까? 특별한 이유가 없다. 그저 미처 날뛴 것이다.

이런 곳에 쓸 에너지가 있다면 한 생각 돌려 나뿐만 아니라 다른 사람도, 세상까지도 아름답게 하는 일에 써야 한다. 이것은 별로 어려운 일이 아니다. 세상 사는데 쓸데없는 에너지를 낭비하지 않으면 열배 스무배 힘이 생긴다. 이 에너지를 갖고 사업을 하면 성공하고 선생님이 되면 훌륭한 선생님이 되고 뭐든 잘 된다. 태풍이나 벼락 등 기상이변이 일어나지 않는 이상 실패는 있을 수 없다.

사람이 살아가는 네 가지 세계

세상을 살아가는 방법은 네 가지다. 불교에서는 이것을 법계(法界)라 한다. 법계란 서로 다른 네 가지 세계를 말한다.

첫째, 사법계(事法界)다. 이른바 현상의 세계다. 예를 들어 배를 타고 바다에 고기를 잡거나 놀러 나갔는데 바람이 불고 파도가 쳐서 고기도 못 잡고 뱃놀이도 못 하고 물에 빠지지 않으려고 온 신경을 쓰다가 시간 다 보내거나, 또 어떤 사람은 배가 뒤집어져 물에 빠져 허우적대면서 살려 달라고 아우성치는 바람에 다른 사람이 고기도 못 잡고 와서 건져주는 인생을 산다. 이것이 바로 사법계, 차별현상계다. 지금 우리의 인생살이가 이렇다.

둘째, 이법계(理法界)다. 이른바 본질의 세계다. 예를 들어 그것은 방파제를 막아 놓고 그 안에 들어가서 고기잡고 뱃놀이를 즐기는 형상이다. 바람도 없고 파도도 치지 않으니 고요하다. 그러니 이곳에서는 빠져 죽는 일은 없다. 어찌 보면 참 좋은 세계인 것 같지만 이 사람은 평생 방파제 안에 갇혀 있는 셈이다.

셋째, 이사무애법계(理事無碍法界)다. 차별현상과 본질세계가 둘이 아닌 세계다. 예를 들어 배를 타고 바다에 나가 바람이 불고 파도가 치는 데도 고기도 잡고 뱃놀이도 한다. 돛대를 잘 이용해서 바람이 부는 방향을 적당히 조절하여 파도를 타면서 더 잘 논다. 적당하게 바람이 불고 파도가 쳐야 놀이가 더 재미있다. 윈도우서핑도 파도가 쳐야 재미있지 고요하면 재미가 없는 것과 같다. 그 힘을 이용해서 노닐게 된다.

사법계는 세상을 살면서 '이것 때문에 못 살겠다. 저것 때문에 못 살겠다. 누가 나 좀 살려줘라'고 한다. 마치 바람과 파도에 휩쓸리고 물에 빠져 허우적대는 인생과 같다. 이법계는 가족이나 재물, 명예, 권력을 다 버리고 숲속으로 가 버린다. 그러니 바람이 불 일도 풍랑이 칠 일도 없다. 거기서 고요하게 열반락을 즐긴다. 하지만 이 사람도 숲속에 간혀있기는 매한가지다. 이사무애법계는 화낼 일이 있고 짜증나는 일이 있는 이 세상에서 화내지 않고 짜증내지 않으면서 즐겁게 산다. 혼자 살아도 좋고 여럿이 같이 살아도 좋다. 이 사람은 경계가 없다.

그런데 이 세 가지는 또 한편에서는 공통점이 있다. 그것은 행복하려면 물에 빠지지 않아야 한다는 것이다. 사법계는 물에 빠지지 않아야 하는데 물에 빠진 괴로움의 상태고, 이법계는 물에 빠지지 않기 위해 방파제에 갇혀 있고, 이사무애법계는 파도치고 풍랑이 치는데도 빠지지 않으니까 훌륭한데 물에 빠지면 안 된다는 생각이 있다.

넷째, 사사무애법계(事事無碍法界)는 물에 빠지지 않아야 한다는 생각도 없다. 물에 빠지지 않으면 배에서 낚시하고 물에 빠지면 빠진 김에 내려가서 진주조개를 주어 온다. 이 사람에게는 '물에 빠져야 한다. 빠지지 않아야 한다'는 분별이 끊어졌다. 빠지면 조개 줍고 빠지지 않으면 낚시한다.

보통 사람들은 '돈이 있어야 돼. 없으면 못 살아' 하고 외치고, 보통 수행자는 '다 갖다 버려야 해. 있으면 공부가 안돼' 하고 외친다.

그렇지만 사사무애법계에서는 돈이 없으면 '부처님은 있는 것도 다 갖다 버리고 수행했는데 없으니 얼마나 좋으냐. 공부하기에는 배고파야 잘 된다'고 생각하고 수행으로 삼고, 또 돈이 있으면 '아이고, 중생을 위해 베풀 것이 있어 얼마나 좋으냐' 하면서 보시한다.

남이 욕을 하면 일부러 욕 얻어먹는 짓을 해가면서 인욕을 체득해야 하는데 인욕행 하기에 좋은 기회라고 생각하고, 다른 사람이 우러러 보고 따르면 부처님 법을 펼치는 데 이 보다 좋은 조건이 없구나 하면서 포교한다.

먹을 것이 없으면 단식한다. 먹을 것 두고 참으려면 힘드는데 없으니 참을 필요도 없고 오히려 잘 되었다고 생각한다. 그러나 먹을 것이 생기면 나눠먹는다.

이처럼 사사무애법계에서는 '이렇게 해야 된다, 저렇게 해야 된다'는 고정된 생각이 없다.

화를 내고 나서 '야, 화를 내지 않아야 하는데 화를 냈구나. 나는 수행이 안됐어' 이렇게 하는 것이 수행이 아니다. '화가 날 때 화를 내지 않아야 한다'는 것만 수행이 아니다. 화를 냈으면 그것으로 끝내야 한다. '아이고, 내 공부가 이 정도 수준인 줄 몰랐더니 이번이 점검할 기회구나' 하고 내 수행을 테스트하는 기회로 받아들인다. 그러니까 엎어지면 엎어진 대로 배울 게 있다. 여기에는 열반이니 생사니 구분할 것도 없다. 이 정도 활력이 있으면 세상살이가 재미있어진다. 겁날 게 하나도 없다.

사업을 해도 한번 확실히 해 보라. 실패해도 돈이 이 세상 안에 있지 어디 있겠는가. 보시했다고 생각하면 된다. 시집이나 장가를 가고 싶으면 그냥 가 버리면 된다. 부딪치는 내 업연이 어떤 것인지 수행 삼아 해 보면 된다. 그런 마음 갖고 가면 잘 간다.

그런데 열두 번도 더 따져 이익이 얼마나 되는지 주산 알을 퉁겨 10명, 20명 선보고 나에게 제일 이익되는 사람을 골라 가는데 그러면 악연 중에서도 최고의 악연을 만난다. 귀신같이 악연을 찾아 인연을 맺는다. 마치 쥐약을 놓으면 쥐가 수많은 먹을 것 중에서 고르고 골라 쥐약 놓은 그릇에 와 그것을 먹는 것과 같다.

주인되는 길

세상이 연극인 줄 알면 멋지게 무대를 꾸미면 어떨까? 사랑한다는 것은 허망하다. 허망함을 알기에 이왕 하려면 열심히 해야 한다. 어차피 꾸는 꿈 잘 꿔야 된다. 깨고 나면 그만이니 쫓아갈 것도 없다. 그런 집착없이 하는데서 힘이 난다.

그런데 우리는 꿈을 현실로 생각하니까 거기에 빠져 애걸복걸한다. 꿈인 줄 알면 괴롭지 않다. 꿈이 꿈인 줄 알아버리면 무슨 짓을 해도 되는데 꿈이 꿈인 줄 모르니까 문제다. 내 것이 내 것이 아닌 줄 알고, 사랑이 허망한 줄 알면 오히려 더 열심히 일도 하고 열렬하게 사랑할 수 있다.

왜? 잘 하고 못 하고 없으니까. 안돼도 그만인 인생이니까. 대충한다는 뜻이 아니다. 망설이거나 주저하는 바가 없다는 소리다. 누가 비난해 봐야 별 문제가 없다. 그런데 또 공(空)에 빠지면 어떤가? 허망하니까 아무 일도 못 한다. 허망하고 연극인 줄 아니까 이왕 꾸며진 무대에서 '신나게 연극하자' 이 말이다.

그렇기에 자기 문제로 애걸복걸하지 말고 마치 꿈 깨듯이 탁 놔 버려야 한다. 지금 내가 무엇을 해야 된다는 생각을 놔 버리고 돌아보면 아무것도 아니다.

이런 이치를 아는 사람이 함께 모여 일한다면 어떨까? 그 위력은 대단하다. 우리 사회의 앞날은 크게 바뀔 것이다. 왜 그럴까? 혼자만 바뀌어도 한평생 살면서 엄청난 일을 할 수 있는데 자기 이기심을 버린 사람이 많이 모이면 엄청난 위력이 나오기 때문이다. 지식하고는 상관없다. 그런데 우리는 대부분 그런 사사로운 고민에 많은 시간을 소모한다.

자유로운 삶, 부처의 길은 세상을 떠나 있지 않다. 그 길은 세상 속에서 활개치고 사는 길이다. 자기가 주인이 되어 사는 길이다.

내 개인의 행복과 가정의 행복, 사회의 평화와 안정, 우리 인류의 복리증진을 위해 과연 지금 나는 어떻게 살아야 될 것인가? 이런 길 위에 각자 자기 인생 행로를 잡아보자. 선택은 자신에게 달려있다.

새로운 문명, 새로운 인간

종교와 기술문명 발생의 기원

우리 사회에서 무엇인가 미래에 대해 비전을 갖고 있는 사람이 있다면 그것이 어떤 내용이건 관계없이 한번 들어보려는 자세가 필요하다. 그러한 정보를 받아들여 다시 한번 검토해 보고 이제껏 생각해 왔던 것과 다르더라도 바른 방향이라면 방향을 바꿀 수 있어야 한다. 또 많은 사람의 의견을 들었지만 아무리 검토해도 우리가 해온 방식이 맞다면 그렇게 해 가도 좋다.

자기 견해, 판단력이 옳다고 고집하는 거기에서 사람과 사람 사이의 장벽이 생긴다. 자기 생각이 옳다는 고집으로 집단과 집단, 나라와 나라 사이에 여러 가지 갈등과 분쟁이 생기고, 전쟁이 일어난다. 그런데도 그 사실을 받아들이지 않고 오히려 다른 집단이나 다른 나라 사람들의 생각이 틀렸기 때문에 그러한 일이 발생했다고 본다.

자기 견해가 옳다는 것을 증명하기 위해 여러 가지 객관적 조건과 역사적 유물, 경전적 근거를 제시하고 있지 않은지 자신에게 물어볼 일이다. 사실을 확인하기 위해 활용하는 것이 아니라 자기가 옳다는 생각을 밑바닥에 깔고 주장하고 관철하기 위해서라면 역사적으로 객관성이 인정된 성인의 말씀이나 자연과학의 여러 법칙도 객관적 사실을 바라보는데 도움이 되지 않는다. 오히려 더 큰 장애가 될 수도 있다.

현대문명의 가장 큰 병폐는 우리가 과거와 다른 변화된 사회에 살면서 과거의 여러 가치관을 고집함으로써 발생한다.

과거 인간의 힘이 자연에 비해 매우 미약하여 생존에 위협을 받으면서 살아갈 때 인간의 마음에는 두 가지가 있었다. 인간의 힘이 미치지 못하는 자연에 대한 공경과 두려움 때문에 굴복하는 마음과 받드는 마음이었다. 그런 경외의 심정으로 나타난 것이 자연을 신격화하는 것이었다.

초기에는 큰 구렁이, 산신, 해신, 목신 등을 섬기다가 후대에는 어떤 인격의 절대신을 섬겼다. 이는 자기보다 힘이 센 위협적인 존재를 받들어 자신의 생존을 보장받으려는 심리에서 나온 행위였다.

이렇게 자기보다 강한 존재에게 복종하고 받드는 심리 가슴 밑바닥에는 항상 반발심리가 있어, 언젠가는 자연을 제압하려는 마음이 동시에 커졌다. 이러한 현상의 한쪽에서 나온 것이 종교의 발생이며 다른 한쪽에서 나온 것이 자연과학의 발달이다. 이것은 인간이 살아남기 위해, 보다 더 편안한 삶을 누리기 위한 하나의 마음에서 나온 두 가지 현상이다.

자연을 인간의 삶에 맞게 고쳐간 것은 인간의 삶을 보다 더 안락하고 행복하게 하기 위해서였다. 그런데 현대에 이르러 과학기술 문명은 고도로 발달하여 인간의 행위 능력이 자연에 가할 수 있는 영향력이 어마어마해졌다. 전시대에는 자연에 가한 인간의 행위란 마치 모래사장에 그림을 그렸는데 파도가 휩쓸고 가면 흔적도 없이 사라지는 것과 같았다. 그러한 인간의 힘으로는 자연 자체를 파괴할 수 없었다.

그러나 이제는 자연이 그것을 회복시키는 힘보다 과학기

술의 힘이 훨씬 커져버렸다. 자연 조건에 의해 인간의 삶이 규정되는 것이 아니라 기술문명에 의해 결정되는 것이다.

그러나 승리감에 도취되어 만세를 부를 이 시점에서 생각도 못 할 일들이 발생했다. 자연이 우리 삶의 토대임을 망각하고, 그 위협에만 초점을 맞춰 정복하려 했던 것이 도리어 우리 삶을 붕괴시키고 있었다. 자연의 영향을 받지 않으려고 하면 할수록 인간 삶의 토대가 붕괴될 뿐만 아니라 생태계 자체도 파괴되는 시점이 온 것이다. 이것이 생태환경을 파괴하는 주범으로 자리잡았다.

대립과 투쟁을 넘어 연관과 조화의 관계로

물질문명의 풍요는 삶의 질을 높이는 쪽보다는 인간의 온갖 욕구를 자극하여 갈등과 전쟁 자연파괴를 부채질했다. 그래서 사람 사이의 갈등은 더욱 더 심해지고 물질적인 풍요 속에서도 온갖 분쟁은 끊이지 않았다.

인간소외, 도덕성 상실, 마약문제, 가치관의 상실 등 전시대에는 생각지 못했던 온갖 사회문제가 커져만 갔다. 생태환경을 파괴할 뿐 아니라 사회질서의 붕괴와 가치관의 혼란, 그 사이로 스며든 환락문화로 말초적인 만족에 젖어들고 있었다.

기본적인 환경 파괴로 야기되는 생존에 대한 위협뿐 아니라 인간 개개인의 황폐화는 인간 삶을 더욱 더 파괴하는 쪽으로 몰고 갔다.

과연 이렇게 사는 것이 바른 삶일까? 아침에 도회지 시멘트 벽 속에서 시계 소리를 듣고 억지로 일어나, 넥타이를 매고 꽉 낀 양복을 입고 꽉 낀 신발을 신고 허둥지둥 나간다. 숨을 쉬기조차 힘든 지하철과 버스를 타고 출근하며 정신없이 이리저리 움직이다 녹초가 되어 저녁에 터벅터벅 돌아온다. TV에 나오는 오락물을 보며 입벌리고 웃다가 오염된 물을 마시고 오염된 음식을 먹고 그렇게 쫓기면서 산다.

과연 이런 삶이 잘 사는 것일까? 100~500년 전에 살았던 사람들보다 정말로 잘 산다고 말할 수 있을까? 이렇게 개인의 삶에 회의가 오고 이런 방식으로 계속 간다면 미래문명에 대한 전망은 비관적이다.

어떤 사람은 과학기술 문명 자체가 지닌 문제라고 얘기한다. 그러나 기술문명 자체는 길가의 돌멩이처럼, 흐르는 물과 같이 인간 삶에 위협적 존재일 수 없다. 기술문명이 발생하고 발달하게 된 밑뿌리에 무엇이 있었는가를 살펴볼 필요가 있다.

지금까지 우리는 자연을 정복의 대상으로 보고 정복하려 했다. 많이 생산해서 소비하는 삶이 잘 산다고 생각하고 기술문명의 발달이 그것을 달성시키기 위한 하나의 수단이라 여겼다. 수단으로 이용될 때 문제지 그 자체가 문제라고 볼 수 없다.

이렇게 인간과 자연을 대립의 관점으로 보고 정복의 대상으로 보는 관점, 인간 상호간도 대립과 경쟁의 관계로 보며 투쟁을 통한 승리가 행복이라고 보는 견해가 어떤 시대와 상황 속에서 이루어졌는가 살펴볼 필요가 있다.

오늘 인간이 갖고 있는 그러한 행위 능력으로 볼 때, 이런 가치관이 계속된다면 자연뿐만 아니라 인간 스스로도 파멸할 수밖에 없을 것이다. 누구나 어떤 상황에 부딪칠 것인가를 충분히 예견할 수 있다. 그런데도 하루살이가 불빛을 찾아 들듯, 쥐가 쥐약을 먹듯, 물고기가 낚싯밥을 물듯 죽는 길인데도 사는 길인 줄 잘못 알고 계속 나가고 있다.

자연이란 본래 우리와 함께 어우러진 분리될 수 없는 삶의 토대라는 사실을 망각하고 대립의 관점으로만 바라보고 살아가고 있지는 않은지 돌아보아야 할 때다. 인간관계도 저 사람이 과연 나와 대립하고 경쟁해야 할 관계인지를 살펴보고 저 사람이 있음으로 내 삶이 영위되는 것은 아닐까 돌아보아야 한다. 길거리에 다니는 저 숱한 사람들—우리와 적대관계에 있는 이웃나라 사람마저도 그들이 있음으로 내가 있는 그런 관계는 아닐까 생각해 보자.

이 세상에 모든 것은 상호 의존적으로 존재한다. 자연은 인간 삶의 토대이며 그것을 기반으로 인간 삶은 영위된다. 쌀 한 톨과 물 한 방울에도 내가 생존할 수 있는 은혜가 깃들어 있고 옷 한 벌 속에도 많은 사람의 은혜가 담겨있다. 그렇기 때문에 그 누구도 경쟁과 투쟁의 대상이 될 수 없다. 이것이 있는 그대로 모습이 아니겠는가?

다르게도 생각해 보자

우리의 과학기술 문명을 어떤 방향으로 사용해야 할까? 기술문명 자체는 문제가 아니다. 다만 그것을 어떤 방향으로 얼마만큼 사용해야 행복하게 살 수 있는가가 우리에게 주어진 문제다.

이 상황을 올바르게 판단하고 이끌어갈 사람은 어떤 사람일까? 그는 현대문명의 위기를 정확히 인지하고 자신과 세계가 어떤 상황에 놓여 있는 지, 어떤 방향으로 나아가야 할 지를 분명히 인식한 사람이다.

지금까지는 습관적으로 살아왔다 하더라도 이런 식으로 계속 살아가면 미래에 어떤 재앙이 온다는 것을 자각한다면 지금까지 살아온 삶의 태도를 바꿀 수 있지 않을까. 자신의 생각이 객관적인 상황에서 벗어난다면 생각도 바꿀 줄 아는 사람, 즉 자신의 삶을 되돌아볼 마음이 있는 사람들에 의해 이 문제가 해결될 것이다.

그런 사람이 되려면 무엇보다도 '내 생각이 옳다, 내가 살아온 삶의 방식이 옳다' 는 고집을 내려놓을 줄 알아야 한다.

우리가 이제껏 살아온 삶의 방식, 역사적으로 존재했던 모든 가치관, 성인의 말씀까지도 다시 한번 재고해 볼 시점에 이르렀다.

승려는 '부처님 말씀이 과연 옳을까?' 하고 다시 한번 생각해 보자. 목사와 신부는 '성경 말씀이 과연 옳을까?' 하고 한번쯤 돌이켜 보자. 승려는 성경을 한번 탐독해 보고 목사와 신부는 불경을 한번 읽어보면 어떨까. 공산주의가 몰락해간 이 시점에 마르크스 사상을 다시 한번 읽어보면 어떨까. 우리가 팽개쳤던 동양사상을 다시 한번 읽어보면 어떨까. 일본 사람들의 사는 방식을 한번 살펴보면 어떻겠는가.

무엇인가 지금까지 해 오던 방식에서 조금은 다른 쪽에 대해 관심을 갖고 검토해 보아야 한다. 우리가 정말로 옳다고 생각하는 것을 한번 놓아버리고 새롭게 살펴볼 마음만 있다면, 현재 우리에게 부딪친 모든 문제가 쉽게 보이지 않을까.

모든 종교인이 제각기 자기 주장을 고집하고, 철학적으로 각자 자기 견해만 내세우고, 민족과 나라 사이에 자기 생각이 옳다고 고집하는 한, 우리가 아무리 위기를 감지하더라도 실제로 내 삶의 변화와 세계관의 변화는 오지 않을 것이다.

다른 사람을 탓하기 전에 나부터 먼저 한번 뒤집어서 살펴보아야 한다. 그럴 때 보이지 않던 다른 사람과 이웃나라가 보이기 시작한다. 그런 마음가짐으로 다시 한번 내 삶의 방향과 사회의 방향을 잡아간다면 우리는 이 문제에 대한 해답을 찾을 수 있다. 우리 모두가 그 방법을 같이 찾아보자. 같이 나설 때 그것이 가장 새로운 방법이 아닐까. 정해진 방법이 있어 새로운 것이 아니라 그것을 자기 문제로 받아들여 모두 나설 때 그 자체가 이미 새로운 문명, 새로운 방법이 아닐까.

내 고집을 내 식대로 하려는 것을 한풀 접어놓고 다른 사람의 얘기를 들으려고 할 때, 그때 내 아집이 발견되고 사람관계는 이미 풀리기 시작할 것이다. 자기 주장에 빠지는 그런 태도를 완전히 고치기 전에, 내가 그런 존재임을 아는 것만으로도 사람관계는 이미 많이 풀려갈 것이다.

새로운 시대의 새로운 인간상

미래문명은 세계관이 바뀌어야 한다. 과거문명의 세계관이 사람과 사람, 사람과 자연을 대립의 관점에서 보았다면 미래문명은 이들을 뗄 수 없는 연관성 속에서 파악해야 한다.

행복은 대립의 관점에 서서 투쟁을 통해 승리하는 것으로 성립되지 않는다. 연관 속에서 상호 의존하고 서로 조화를 이루는 삶이 가장 행복한 삶이다. 승리한 순간에 행복감을 갖는다고 생각하는 것이 과거문명이라면, 미래문명은 그렇게 서로 연관 속에서 서로 돕고 서로 쓰여지는 과정 자체가 그대로 좋다는 행복관이 정립되어야 한다.

괴로워하고 슬퍼하는 것이 어쩔 수 없는 인간의 삶이 아니라 괴로움이 아예 일어나지 않는 것이 진정 행복한 삶이다. 새로운 문명이 세워지고 난 뒤에 행복한 삶이 완성되는 것이 아니라 새로운 사람들의 삶에 의해 새로운 문명은 만들어지는 것이다.

이 현실 속에서 모순을 자각한 사람, 괴로움에서 벗어나기 위해 자기 삶을 진실로 돌이켜 볼 수 있는 사람이라면 충분히 새로운 사람이라고 말할 수 있지 않을까. 매순간 어느 때 어느 상황에서라도 행복하다고 느낄 수 있는 사람, 어떤 형상과 성과로 행복을 느끼는 것이 아니라 연관 속에서 있어야 할 자리에 있으므로 해서 행복한 사람―이러한 사람들이 현대문명의 위기를 타개하고, 보다 나은 세계를 만들기 위해 참여하고 삶의 태도부터 바꿔나가고 있는 거기에 이미 미래사회의 출발점이 있다.

<화엄경>에 보면 "보살에게 있어 정토란 이미 완성된 세계가 아니라 완성을 향해 보살이 활동하는 세계다"라는 말이 있다. 완성된 세상을 목표로 혼신의 노력을 기울여 나아갈 때 그 사람에게는 활동하고 있는 그대로가 정토다. 이런 삶의 방향을 갖는 사람이라면 오늘날 우리가 안고 있는 많은 문제에 대해 다른 사람이 하는가, 하지 않는가를 따지기 전에 나부터 먼저 삶의 방향을 전환하고 태도를 바꿀 수 있어야 한다. 더 나아가서 나를 바꾸는 것으로 끝나지 않고 다른 사람과 사회 구조도 바꿀 수 있도록 활동해야 된다.

이렇게 하려면 실제로 우리가 어떻게 살아야 할까? 자기를 내세우거나 고집하지 않는 삶이어야 한다. 자기 마음에 맞는 사람들끼리만 모여 살 게 아니라 마음이 안 맞고 생

각이 다른 사람과도 함께 살아보자. 인연 되는대로 누구나 한번 어울려 일을 해 보자. 마음이 맞는 사람을 골라야 하고 재정을 모아야 하고 그런 후에 무엇인가 해 보자 하지 말고, 그저 그렇게 한번 해 보자. 뜻이 안 맞으면 뜻도 맞추고 돈이 없을 때 돈도 만들어 보자. 그것이 이상사회로 나아가는 지름길이다.

하면서 만들자

그대로 두 발을 먼저 내딛어 보자. '내 생각이 옳다'는 고집을 버릴 수 있는 사람이라면 먼저 해 보는 것이 중요하지 않겠는가. 그렇게 실천할 때, 내가 어떤 상태임을 발견할 수 있다. 해 보지 않으면 발견되지 않는다. 우리는 '내 것을 고집하지 말자' '내 일이다 생각하면 잘 되는데 다른 사람의 일이라 생각하면 잘 안 된다' '남을 이해해야 한다' 등등 온갖 얘기를 한다.

그러나 지금 당장 같이 살면서 해 보자. 그런 사람이 있을 때까지 고르고 앉아 있을 것이 아니라 어울려 생각이

다르면 맞춰 나가고 맞춰지지 않으면 왜 맞춰지지 않는가를 돌이켜 보아야 한다. 살다가 욕심을 내면 깨지지 않을까. 그렇게 생각하지 말고 살면서 욕심이 어찌 생겼는지 한번 해 보고 그만 두든지 무슨 수를 쓰자. 앉아서 '어떻게 하는 게 좋을까' 고민하고 '관념을 버리자'고 말만 하지 말고, 살면서 무엇이 관념이고 무엇이 사실인지 구분해 보자. 무엇 때문에 도사리고 무엇을 움켜쥐고 붙들어 매고 있는가?

과거의 역사적 경험도 현재 다른 나라에서 실험하고 있는 어떤 것들도 해 보면서 문제점을 알고 받아들여야 한다. 앉아 검토할 것이 아니라 싸울 일이 있으면 싸우면서 현재의 자기 상태에서 옳다는 것을 먼저 해 보자.

그러나 끊임없이 살펴보려는 자세를 놓치지 말아야 한다. 모르면 배우고, 틀리면 고치고, 잘못했으면 뉘우치는 마음이어야 한다. 다른 사람이 나한테 앞장 서라고 하면 적극적으로 앞장 서보자. 다른 사람이 나를 '너 명예심 때문에 그렇지' 하면 그것조차 받아들이고 밀고 나가보자. 나보다 잘 하는 사람이 있으면 내가 뒤에서 밀어주고, 다른 사람이 나보다 잘해 속이 편치 않거든 왜 그런지 자기를 살펴보아야 한다. 이렇게 욕심도 많고 성질도 못 되고 제 것만 아는 사람들이 부딪쳐 무엇인가 만들어진다면 그것은 보편적인 모델이 될 수 있을 것이다.

성인의 출현을 기대할 것인가? 영웅의 출현을 기대할 것인가? 이렇게 기다릴 것이 아니라 내가 가진 것부터 내놓음으로써 출발하자. 집단이든 학교든 직장이든 자신이 선 자리에서 재물이든 재능이든 지식이든 내가 갖고 있는 모든 역량을 동원해서 한번 해 보자.

미래의 주역은 우리 모두

어디로 향해야 할까? 문제가 있을 때는 그 문제를 밝히는 쪽으로 해 보고, 이미 밝혀져 이렇게 나가야 된다면 그런 모델을 만들도록 해 보자. 그렇게 하려고 마음을 낸 사람들—겁 없이 모인 사람들, 거기에는 옳고 그름이 없지 않을까? 그 삶 자체로도 이미 미래의 대안이 되지 않을까?

그렇기 때문에 미래의 주역은 우리 모두 될 수 있다. 특별한 교육과 수련을 거치거나 지위와 지식을 갖고 되는 것이 아니라 바로 지금 이대로 할 수 있다.

그런데 무엇이 나를 잡아 당기는가? 내 시간과 정열을 투자해서 내가 하려고 하지 않고 누군가가 무엇을 해야 되지 않겠는가 하는 생각들이 과거문명의 유산이다. 그런 생각과 행동들이 오늘의 위기를 자초하고 있지 않을까? 우리의 그러한 망설임, 발을 뒤로 물리는 그것이야말로 현대문명 위기의 핵심이지 않을까? 그것을 한번 바꿔볼 때 미래문명의 출발이 되지 않을까?

나는 그 한 마음을 돌이키는 것이 불교사상의 핵심이라 생각한다. 석가모니 부처님이 그 한 생각 돌리는 데서 만 중생의 스승이 되었고, 원효가 그 한 생각 돌림으로 해동의 스승이 되었고, 이차돈이 그 한 생각 돌림으로 죽을 수 있었고, 서산대사가 칼을 휘두를 수 있지 않았겠는가. 그들이 무엇 때문에 그렇게 할 수 있었던가? 역사에 어떻게 평가받을 것인가. 다른 사람이 나를 어떻게 받아들일 것인가 라는 두려움도 벗어던져야 한다.

아무 사람이나 모여 일단 한번 시작해 보자. 그리고 문제를 실천하면서 돌아보자. 그것이 자기를 버린 출가한 사람이 아닐까? 출가한 자, 그가 새로운 문명을 이끌어갈 새로운 사람이 아닐까? 생각을 밖으로 돌리고 조건을 따지고 만날 이러쿵 저러쿵 하지 말고, 소리가 나도록 부딪쳐 보

자. 그러면서 단지 하나, 뒤돌아 볼 줄 알고 근본을 놓치지 않아야 한다. 그러면 삶에 자신이 생긴다. 괴로운 일이 무엇이고, 두려운 일이 무엇이 있을까? 미래문명에 대해, 현대문명의 위기에 대해 무엇이 두려울까? 모든 것을 동원해 누구라도 같이 출발하자.

無 始 無 終

1
12月 31日 24時=1月 1日 0時
시작과 끝은 다르지 않다
시작과 끝은 같다
시작도 없고 끝도 없다

생각을 일으켜 경계를 짓고
시작과 끝의 두 모양을 지으니

현상에 집착하여 온갖 고뇌를 일으킨다

한 생각 쉬어지니 경계가 사라지고
모양이 없으니 집착할 바 없구나
팔만사천 온갖 번뇌 본래 없어라

과거는 이미 흘러가 없고
미래는 아직 오지 않아 없어라
현재는 다만 한 순간 순간이니
무엇을 집착하고 무엇을 두려워하랴

과거에 집착하고
미래를 걱정하는 사람
생각에 사로잡혀 생각에 빠졌구나
꿈속에서 사는 사람일 뿐…

2
다만 현재에 집중하라
깨어 있으라

순간 순간 깨어있는 사람

보살이라네

잘못한 줄 알아서 곧 뉘우치고

틀린 줄 알아서 곧 고치며

모르면 물어서 알아보는 사람

천하 누구도 그를 어쩌지 못하리

날이면 날마다

언제 어디서나

이대로 좋은 사람

바라는 바 없는 사람

배고픈 이에게는 양식이 되고

병든 이에게는 양약이 되고

목마른 이에게는 감로수가 되고

길잃은 이에게는 길잡이가 되리니

괴로운 사람 하나 없는 세상을 만든다네

그 이름도 아름다운 이

깨달은 사람, 보살

그가 사는 세상

정토(淨土)

정토회를 소개합니다

1. 정토회의 의미

이 세상의 모든 고통을 극복하고 바로 이 땅에 '맑은 마음, 좋은 벗, 깨끗한 땅-정토'를 실현하고자 창립된 서원(誓願)공동체입니다.

2. 주요활동

▶ 수행과 포교

1985년 법륜 스님을 중심으로 비원포교원과 중앙불교교육원을 설립, 활동하며 불교의 사회적 실천을 위한 기반을 마련하였고, 1988년 홍제동으로 정토포교원을 이전 개원하면서 대중사업을 본격화한 것이 지금의 정토회의 시작입니다.

현재 서울 홍제와 서초, 경기도에 성남, 안성 충청도에 대전과 청주, 경상도에 대구, 그리고 부산 등 전국 곳곳에 '정토법당 및 지회'를 설립하여, 함께 모여 수행하고 공부하며 서로 돕고 실천하는 회원들간의 공동체를 형성하고 실천활동을 전개하고 있습니다.

이를 뒷받침하기 위해 1991년 9월 '정토불교대학'을 설립하여, 불교·사회·환경운동과 관련한 종합적이고 체계적인 교육 프로그램을 개발, 진행하고 있습니다.

한편 1990년 5월 경북 문경에 '정토수련원'을 설립하여 깨달음의 장, 나눔의 장, 일체의 장 등 현대인에게 맞는 새로운 형식의 수련 및 수행프로그램을 개발, 진행해 나감으로써 자신과 세계에 대한 새로운 자각과 깨달음의 세계를 체험할 수 있는 기회를 제공하고 더불어 수행공동체의 생태마을을 일굼으로써 새로운 문명을 열어갈 새로운 인간의 삶의 원형을 만들어가고 있습니다.

▶ 환 경

정토회의 사회참여활동은 크게 환경, 평화, 복지 등으로 나눌 수 있습니다. 그 중에서 환경부분에서의 활동은 1988년 3월 지금의 '한국불교환경교육원'의 전신인 한국불교사회교육원을 개원하여 활동을 시작하였고, 1991년에 한국불교환경교육원으로 개명, 1994년에는 환경부에 사단법인으로 인가받아 전문기구로써 활발한 활동을 하고 있습니다.

한국불교환경교육원은 자연과 조화되는 가치관과 생활양식의 전환을 위해서는 올바른 정보와 교육이 가장 절실하고 중요한 실천적 과제라고 보아 설립된 전문환경교육기관으로서 각계 각층의 시민과 종교인, 학생들을 대상으로 다양한 교육과 수련프로그램을 평생교육의 차원에서 진행하고 있습니다. 또한 새로운 문명에 대한 연구 및 공동체 실험 등을 통해 새로운 인간, 새로운 문명적 삶의 원형을 만들어가는 데 기여하는 한편 여러 환경, 사회, 종교단체들과의 활발한 연대활동을 전개하고, 국제민간단체들과의 긴밀하고 내용있는 교류와 협력을 모색하고 있습니다.

▶ 평 화

정토회의 사회참여활동 중 평화부분은 평화로운 인류공동체의 실현을 위한 작업으로 1988년 '한국불교사회연구소'를 설립하여 차별이 없는 사회, 전쟁이 없는 세계를 위한 비전을 모색하고 연구하며, 이의 실천을 위한 다양한 방도를 연구해 왔습니다.

또한 연합단체인 '우리민족서로돕기 불교운동본부'를 설립하여 실무를 담당하며, 굶주림으로 죽어가는 북한동포 및 북한식량난민에 대한 구호활동과 인권문제에 깊은 관심을 갖고 이의 해결을 위해 노력하고 있습니다.

앞으로 한반도의 통일 및 평화실현을 위해 전문기구를 발족하여 활동할 예정이며, 이를 기초로 동북아 나아가 인류사회의 평화를 위한 여러 활동을 전개하고자 합니다.

▶ 복 지

정토회는 인류양심을 회복하고 기아와 질병, 문맹이 없는 서로 돕는 인류사회를 실현하기 위해 1991년부터 국내에 국제민간구호단체인 '사단법인 한국제이티에스'를 설립하여 활동하고 있습니다. 한국제이티에스는 1996년 8월 보건복지부 산하 사단법인으로 인가, 1997년 9월 한국국제협력단에 NGO로 등록하였습니다.

1993년 설립된 '인도제이티에스'는 인도에서 가장 가난하고 천대받는 불가촉천민마을인 비하르주의 둥게스리 마을에 학교를 건립하였으며, 그 주변마을인 두르가푸르와 등 15개 마을에 무료진료와 지역개발사업을 펼치고 있습니다. 이를 위해 현지에 실무자를 파견하여 활동을 적극 지원하고 있습니다. 한편 미국에서는 제3세계 사람들을 지원하기 위하여 재미교포와 뜻있는 미국인을 중심으로 후원기금조성 등 조직적인 활동을 전개하고 있습니다. 1992년부터 활동해온 '미국제이티에스'는 1994년 5월에 정식 발족하여 8월에 뉴욕에 사무실 및 법당을 마련하였으며 1997년 4월에 주정부로부터 법인인가를 받아 활동중입니다. 1997년부터는 중국제이티에스와 함께 굶주림으로 죽어가는 북한동포를 살리기 위한 모금활동과 나진·선봉 탁아소 및 유치원 어린이 결연사업을 시작하여 직접적인 구호활동을 펼치고 있습니다.

▶ 기획사업

매년 봄마다 여러 선지식을 모시고 법문과 상담, 철야정진기도와 각 지역 불자들의 수행담 발표 등으로 진행되는 '신앙대회'는 전국각지의 정토회 회원 및 월간정토 구독자들의 신심고취와 수행점검을 위한 1박 2일간의 대규모 법회 프로그램입니다.

매년 겨울에 1-2회 진행되는 인도성지순례 프로그램인 '부처님의 발자취를 따라서'는 부처님의 탄생과 출가, 수행, 그리고 성도와 교화, 열반의 여정에 이르는 불교의 8대 성지 및 불교유적지를 순례하면서 부처님의 가르침을 가슴깊이 느끼고 한국제이티에스에서 추진하는 인도의 의료, 교육, 구호 사업에 동참할 수 있는 매우 뜻깊은 순례입니다.

매년 여름에는 우리민족의 발상지인 백두산과 고구려 발해 유적지, 그리고 항일독립운동의 근거지들을 돌아봄으로써 우리 민족의 뿌리를 찾고 역사를 바로 알기 위한 역사기행 프로그램인 '민족사의 뿌리를 찾아서'가 있습니다. 또 한편으로 1991년 시작된 '전국 청년불자등반대회'는 매년 5월 말에 이루어지며, 전국의 젊은 불교활동가들이 한자리에 모여 등반을 하며 신심고취와 연대를 통하여 기상을 드높이고 친목을 도모하는 자리입니다.

▶ 홍 보

정토회는 행복한 인생, 평화로운 사회, 아름다운 자연을 이루는 것을 목표로 하고 있습니다. 이 목표가 실현되려면 우리 사회의 전반적인 의식이 변화되어야 합니다. 이러한 근본적인 의식전환을 위한 홍보활동으로 '월간정토'와 '정토출판'을 설립하여 월간지와 단행본을 출간하고 있습니다.
'테이프 포교부'와 '영상포교부'를 설립하여 수행법문과 행사자료, 홍보용 테이프를 제작·보급하고 있습니다. 또한 6,000여 권의 출판물을 소장 관리하고 있는 '정보자료실'에서는 각종 자료에 대한 열람 및 정보를 제공하고 국내 통신과 인터넷 홈페이지 등 각종 매체를 통해 널리 알리는 홍보사업을 전개하고 있습니다.

▶ 만일결사

정토행자들은 이 땅에 정토를 실현하기 위해 '10,000일 결사' 즉, 30년이란 한 세대를 내다보는 계획을 세우고, 1993년 3월 부처님 열반일을 기해서 제1차 천일 결사를 시작하였고 1999년 3월에는 제3차 천일 결사가 시작됩니다.
이를 통해 정토행자들은 안으로는 자기의 마음을 관리해 원을 굳건히 하고 괴로움이 없는 사람, 항상 기쁘고 즐거운 사람이 되며, 밖으로는 경쟁과 싸움이 없는 사회, 인간과 자연이 조화롭게 사는 사회를 건설하고자 합니다.

국내 최대의 전자책서점 와이즈북을 이용해 주셔서 감사합니다.

인터넷으로 다운받아 PC, PDA, 단말기, 핸드폰으로 즉석에서 읽는 책,

전자책(eBook)은 전세계적으로 급속히 보급되는 차세대 도서입니다.

와이즈북에서는 다양한 코너를 갖추고 모든 분야의 책들을 전자책으로

제작, 판매하고 있습니다.

문학 에세이 오락소설 어린이 학술/교재

문화/예술비즈니스 컴퓨터/인터넷 가정/여성

외국어 취미/여행 만화 신간요약본

www.wisebook.com